AF729167

الخلود الرقمي

الذكاء الاصطناعي
و مستقبل البشر

دار جامعة حمد بن خليفة للنشر
صندوق بريد 5825
الدوحة، دولة قطر

www.hbkupress.com

الطبعة العربية الأولى عام 2021

الترقيم الدولي: 9789927151804

تمت الطباعة في-بيروت، لبنان.

مكتبة قطر الوطنية بيانات الفهرسة – أثناء – النشر (فان)

سلمان، حيدر فالح، مؤلف.

الخلود الرقمي : الذكاء الاصطناعي ومستقبل البشر / المهندس الاستشاري الدكتور حيدر فالح سلمان. - الطبعة العربية الأولى.

الدوحة، دولة قطر : دار جامعة حمد بن خليفة للنشر، 2021.

صفحة ؛ سم

تدمك 978-992-715-180-4

1. الذكاء الاصطناعي -- فلسفة ونظريات. 2. تكنولوجيا المعلومات -- الجوانب الاجتماعية. أ. العنوان.

Q335 .S255 2021

006.301– dc23 202128034934

الخلود الرقمي

الذكاء الاصطناعي و مستقبل البشر

المهندس الاستشاري الدكتور
حيدر فالح سلمان

دار جامعة حمد بن خليفة للنشر
HAMAD BIN KHALIFA UNIVERSITY PRESS

«ما لم نتعلم كيفية الاستعداد للمخاطر المحتملة وتجنبها،
فقد يكون الذكاء الاصطناعي أسوء حدث في تاريخ حضارتنا»

ستيفن هوكينج

المحتويات

المقدمة

غالبًا ما يعالج علماء الفلسفة على مدى عشرات السنين ركنًا واحدًا فقط من عمل فلسفي ما. وهم يصرون على أن الإنسان لن يفهم عملًا رائدًا من الأعمال الفلسفية إلا إذا تناقش وتحاور وتبادل الرأي ووجهات النظر مع الآخرين حوله مدة طويلة عدة مرات. وأنا أتفق معهم بشكل تام في هذا الرأي، بل أزيد على الأعمال الفلسفية، الاختصاصات والمجالات العلمية والأدبية أيضًا.

فأنا لم أستطع أن أفهم موضوع الذكاء الاصطناعي إلا بعد دراسة الأمر من كل جوانبه وقراءته والتعمق في بحثه، وفحص الأمر من كافة الوجوه، فبعد تجارب مختبرية عملية باستخدام عدد كبير من الأسطر البرمجية والمعادلات الرياضية والمنطقية إلى أن تم قتل الموضوع بحثًا وتنقيبًا، تمكنت نوعًا ما من فهم أسرار وألغاز هذه التكنولوجيا، وأصبحتُ قادرًا على فك التباس وغموض هذه التقنية وخوارزمياتها المعقدة.

إن فهم هذه التكنولوجيا (ليس من الناحية التقنية) عملية سهلة لكل إنسان يأتي إليها ومعه حب الاستكشاف والاهتمام مع بعض الوقت. ولسوف يلاحظ بعد فترة قصيرة أن هذا العلم الذي يقال عنه صعب معقد، لم يكن حصرًا لبعض العقول أو الاختصاصات الهندسية، وإنما لكل من هو مستعد لقبول هذه الأفكار التي ربما تبدو للوهلة الأولى غريبة لم نعتد عليها، لكنها ستثبت عند النظرة الفاحصة أنها جديرة بإعمال العقل فيها إلى أقصى حد.

كيف ستبدو حياتنا مع التقدم والانتعاش والتطور السريع للذكاء الاصطناعي؟ هل يمكن لنا أن نعيش أطول فترة ممكنة أو أكثر من المعدل الذي نعيشه اليوم؟ هل سيحتل الروبوت مكان العامل البشري في المصانع؟ هل ستزداد معدلات البطالة بازدياد تطبيق هذه التكنولوجيا؟ هل يمكن للذكاء الاصطناعي أن يراقب صحتك ويحافظ على جميع العناصر الحيوية تحت السيطرة؟ والسؤال الأكثر أهمية والمُرعب للكثير، هل ستصبح الروبوتات واعية مُدركة أو بصيرة ذات دراية أو ذكية فطنة لتتولى المسؤولية وزمام الأمور وتسيطر على العالم وتتحكم به؟

إن كانت أجوبة هذه الأسئلة تهمك وتثير اهتمامك، فاعلم أنك بحاجة لفهم تكنولوجيا الذكاء الاصطناعي بشكل أفضل، واعلم أن الجميع من الأفضل لهم أن يطلعوا على أساسيات هذا المجال السريع التطور، وهم بحاجة لمعرفة وإدراك آثاره المترتبة على حياتنا اليومية، وفهم هذه التكنولوجيا التي تُعتبر الأكثر أهمية وجدية وخطورة في العالم.

يقول الدكتور «أندرو نك» البروفسور في جامعة ستانفورد الأمريكية وأحد علماء الذكاء الاصطناعي «الذكاء الاصطناعي هو كهرباء هذا العصر». أي أن فاعلية وتأثير ونفوذ الذكاء الاصطناعي على حياتنا اليومية ومستقبل البشرية سيكون بقدر تأثير الطاقة الكهربائية على حياتنا اليوم، وله سطوة كبيرة!

يُعرّف الذكاء الاصطناعي بأنه أحد فروع العلوم والتكنولوجيا الذي يهتم بدراسة البرمجيات (software) والأجهزة المادية (hardware) لتزويد الآلات بالقدرة على تعلم الأفكار من البيانات الداخلة والبيئة المحيطة، والقابلية على التكييف في المواقف المتغيرة بدقة عالية وبسرعة قصوى.

إن الذكاء الاصطناعي هو علم وتكنولوجيا يستند إلى تخصصات مثل علوم الكمبيوتر، وعلم الأحياء، وعلم النفس، واللغويات، والرياضيات، والهندسة. يتمثل الاتجاه الرئيسي للذكاء الاصطناعي في تطوير وتحسين وظائف الكمبيوتر المرتبطة بالذكاء البشري، مثل التفكير والتعلم وحل المشكلات.

ويمكن القول إن الذكاء الاصطناعي هو طريقة لصنع جهاز كمبيوتر. أو روبوت يتم التحكم فيه بواسطة الكمبيوتر، أو برنامج يفكر بذكاء، بنفس الطريقة التي يفكر بها البشر الأذكياء. ويتم تحقيق وتنفيذ الذكاء الاصطناعي من خلال دراسة وفهم الطريقة التي يفكر بها الدماغ البشري، وكيفية تعلم الإنسان، وكيفية اتخاذ القرارات أثناء محاولته حل مشكلة ما، ثم استخدام نتائج هذه الدراسة كأساس لتطوير وتحسين وتحديث برامج وأنظمة ذكية.

يقوم المختصون من خلال هذه التكنولوجيا ببناء آلات أعظم تطورًا، وأكثر ذكاءً، وأسرع إدراكًا، مما يجعل مستقبل البشرية مليئًا بالمفاجآت، حيث بدأت هذه التقنية تؤثر بقوة على مختلف المجالات والميادين، وقد هيمنت الأنظمة الذكية وتقنية تعلم الآلة على معظم الصناعات المعروفة اليوم. لهذا انقسم العلماء والمهندسون والمتخصصون والفلاسفة

وأصحاب الرأي إلى فريقين، الأول يدّعي أن الآلات التي هي من صنع البشر ستحل محل الإنسان وتتفوق عليه، وتصبح أكثر إبداعًا وإتقانًا، وأعظم إجادةً وبراعةً، وأفضل عقلًا وتبصرًا، أي أن البشر سيخلق ذكاءً يتغلب على ذكائه! مما يؤدي إلى نتائج وخيمة قد لا تُحمد عقباها.

أما الفريق الثاني فيدّعي أن الذكاء الاصطناعي هو تقدم تكنولوجي رائع سيغيّر الحياة ويُحسن من طريقة عملنا وزيادة الإنتاج، وأن ما تصوره أفلام هوليوود وروايات الخيال العلمي على أن الذكاء الاصطناعي هو روبوتات تشبه الإنسان تسيطر على العالم هو وصف غير دقيق، فإن التطور «الحالي» لتقنيات الذكاء الاصطناعي ليس مخيفًا أو ذكيًا تمامًا.

فالسؤال المهم هو هل الذكاء الاصطناعي أكبر مشكلة ستواجه البشرية أم هو الطريقة المُثلى لحل كل مشاكل العالم؟ وهل بالغ وهوّل الفريق الأول في تجسيم الصورة أم تطرّف وغالى الفريق الثاني في مدح هذه التقنية؟ الحقيقة أن الذكاء الاصطناعي هو المشكلة والحل في نفس الوقت! أي أن الإجابة عن هذا السؤال تعتمد على منظور وأفكار المُستخدِم لهذه التقنية والذي سيعتمد خوارزميات العلم الجديد، هذا العلم الذي يسابق الزمن وينافس ويناطح العلوم الأخرى، لهذا السبب يجب أن نكون على دراية واطلاع تام بالمهام التي نريد تدريب الآلات على القيام بها.

مشكلة انقسام البشر -حتى المتخصصين منهم- إلى فريقين هو عدم فهم الذكاء الاصطناعي بشكل صحيح وصعوبة استيعاب فروعه والإحاطة بأسراره، حيث يوجد عدد قليل هم الذين تمكنوا من فهم هذه التكنولوجيا بشكل تام، وتأثيرها على المؤسسات بكافة المجالات، ومن ثم على حياة البشر. فيما يخص موضوع البطالة على سبيل المثال، فإن هذه التقنية تتمتع بإمكانيات رائعة وقوية باستبدال وتعديل الوظائف، فالذكاء الاصطناعي سيصبح أكثر دقة في إدارة سير العمل وزيادة خلق الوظائف في بعض المؤسسات، أي أن المصانع والمعامل وكافة مجالات الحياة ستصبح أفضل في الإدارة بالإضافة إلى اتخاذ قرارات استراتيجية بطريقة أكثر ذكاءً ووعيًا.

لهذا أدرك رجال الأعمال في جميع أنحاء العالم قيمة وثمن الذكاء الاصطناعي كأداة فعالة في تعزيز وزيادة فرص العمل، واستحداث مهن واختصاصات ووظائف جديدة، لكن الأعمال الجديدة هذه ستتطلب الكثير من التعليم أو التدريب أو حتى ربما المواهب الذاتية والمهارات الشخصية القوية، وقد تتطلب أيضًا قدرات ذهنية استثنائية كالإبداع والابتكار.

سيكون للذكاء الاصطناعي تأثير كبير في تعزيز الإنتاجية الإجمالية. فالموظف سيصبح أكثر تنظيمًا والتزامًا مما يلبي متطلبات سوق العمل من عمالة منظمة وفعالة للغاية.

حيث ستقوم تقنية الذكاء الاصطناعي بتنظيم أعمالك اليومية، بالإضافة إلى ترتيب اجتماعاتك وجدولتها، وإرسال تنبيهات لتبقيك على مسار العمل الصحيح، إلى جانب مساعدتك على البقاء منظمًا ومنسقًا، علاوة على الحفاظ على أمورك مرتبة ومستقرة. فخوارزميات الذكاء الاصطناعي ستجعل حياة الجميع أسهل وأيسر كثيرًا، فهذه التقنية تلعب دورًا هامًا في مستقبلنا، عن طريق استخدام التكنولوجيا الذكية واستعمال أحدث الخدمات المُبتكرة.

قريبًا سيتمكن العلماء من استخدام الذكاء الاصطناعي لإجراء تغييرات على الحمض النووي البشري (DNA) وتعديل الجينات بطريقة يتم فيها استبدال جميع الجينات المُعيبة والتي فيها خلل معين، بجينات قوية وصالحة ومتطورة! سيؤدي الذكاء الاصطناعي إلى ثورة تكنولوجية هائلة لتطوير نظام فائق الذكاء لتحسين حياتنا بشكل كبير، ليتم التخلص من تلك الأيام التي عانى فيها البشر من الأمراض والكوارث.

لهذا ينصح المختصون بهذا المجال مخاطبين الإنسان المتردد بما يلي: لا تدع الاختراعات الحديثة والمصطلحات العلمية والتعريفات الرقمية تخيفك. كالبيانات الضخمة، وإنترنت الأشياء، والذكاء الاصطناعي والآلي، والطائرات بدون طيار، وتعلم الآلة، والتعلم العميق. فهي ليست سوى طرق وأساليب لتحسين حياة البشر وتطوير الاقتصاد وتسريع الإنتاج. فالذكاء الاصطناعي سيغير قواعد اللعبة في كل المجالات والحقول، وسيوفر لنا حياة جديدة تختلف بكل معنى الكلمة عن الحياة التي نعيشها اليوم، وستصبح المدن أقل ازدحامًا وأقل تلوثًا وأكثر قابلية للعيش بشكل عام.

فهل يعني هذا أن الفريق الأول (المتشائمين) على خطأ، وأن الصورة ستكون وردية زاهرة مشرقة باستخدام هذه التقنية، والمستقبل سيكون خلابًا ساحرًا بديعًا مع الذكاء الاصطناعي، وأن الحياة باتجاه الرفاهية والنعيم، وستحيا البشرية برغدٍ ورخاء وترف؟ بالطبع إن الجواب سيكون لا!

فمع تزايد الذكاء الاصطناعي في كل مكان تزداد الأصوات التي تحذر من مخاطره الحالية والمستقبلية وخاصة في مجال الأسلحة المستقلة التي تعمل بدون إشراف بشري،

وقد ناقش العلماء والمتخصصون التهديدات التي يشكلها الذكاء الاصطناعي فوجدوا أن سباق التسلح الخطير للأسلحة التي تعمل بالذكاء الاصطناعي هو أكبر المخاطر التي تهدد الجنس البشري.

فاذا تصفحنا آراء بعض أصحاب الخبرة في المجال الرقمي والأنظمة الذكية والذكاء الاصطناعي وقلبنا وجهات نظرهم وتأملناها لوجدنا أن المستقبل أسودٌ حالكٌ شديد السواد والظلمة، يسوده ليلٌ دامسٌ، وأن دمار وهلاك كوكبنا الأزرق سيكون على أيدينا، وسنرى بقايا وآثار وأطلال الحضارة البشرية بعيننا، هذا إن لم تنقرض البشرية قبل انهيار الحضارة! يقول صاحب شركتي Tesla للسيارات الكهربائية و شركة Space X للصواريخ الفضائية، الملياردير إيلون ماسك: «إن الذكاء الاصطناعي أكثر خطورة من الأسلحة النووية وقد يتسبب بالحرب العالمية الثالثة»!

أنا أعلم عزيزي القارئ أنك ستصاب بالدهشة، لكن الدهشة الحقيقية هي عندما تعلم أن هذا الرجل الذي يملك مصنعًا لتصنيع سيارات كهربائية مليئة بالأنظمة الذكية وتكنولوجيا الذكاء الاصطناعي! لكن الحقيقة هي أن إيلون ماسك لا يتكلم عن هذا النوع من الذكاء الاصطناعي والذي يُعرف بالذكاء الاصطناعي الضيق، فهذا النوع مجرد مُحاكاة للتفكير ولا يمتلك القدرة على التفكير الحقيقي أو اتخاذ القرارات بمفرده. لكن إيلون ماسك يتحدث عن الذكاء الاصطناعي العام، وهو النوع الآخر من هذا التخصص الذي يتم فيه بناء آلات لها القدرة والقابلية على التفكير والإدراك والتحليل والاستنتاج واتخاذ القرارات بصورة مستقلة عن البشر، وهنا تكمن المشكلة والكارثة والفاجعة الحقيقية وهذه هي المصيبة والبلوى والنقمة بنظر بعض الباحثين والمتخصصين في مجال الذكاء الاصطناعي!

يقول إيلون ماسك إنه قريبٌ جدًا من التطور والانتعاش والتقدم الذي يحدث في هذه التقنية الخارقة، وإنه خائفٌ، مذعورٌ، فزعٌ من كل هذا التطور، حيث إن النمو السريع في هذا المجال ليس خطيًا بل أسيًا، وهذا يعني أن صعود وسمو وازدياد تطور هذه التقنية على شكل طفرات وقفزات كبيرة وسريعة، لا يمكن لنا كبشر اللحاق بها أو حتى مسايرتها أو مجاراتها.

ويستمر إيلون ماسك بحديثه قائلًا إن الازدهار والانتعاش التكنولوجي السريع الذي يحدث في هذا المجال سيؤدي إلى كارثة وبلاء، وإن تطوير الذكاء الاصطناعي الحالي هو بمثابة استدعاء للشيطان! إنه خطر الانقراض الأكبر المهدد للجنس البشري. أما الشخص

البعيد عن هذا المجال وهذه التقنية المتطورة فلا يمكن له أن يتصور ويخمن جسامة وفداحة الأمر.

لكن السؤال هو، هل يعد إيلون ماسك وحده هو من يتبنى هذا الرأي المتشائم؟ بالطبع لا، فقبل عامين قال الفيزيائي الراحل ستيفن هوكينج وهو ألمع وأشهر فيزيائي في عصرنا هذا: «إن تأثير الذكاء الاصطناعي يمكن أن يكون كارثيًا ما لم يتم التحكم في تطوره السريع بشكل صارم وأخلاقي» وأوضح قائلًا «ما لم نتعلم كيفية الاستعداد للمخاطر المحتملة وتجنبها، فقد يكون الذكاء الاصطناعي أسوأ حدث في تاريخ حضارتنا».

أما مؤسس شركة مايكروسوفت للبرمجيات العملاقة بيل غيتس فيقول وهو يتحدث عن هذه التكنولوجيا التي تسابق الزمن: «إن الذكاء الاصطناعي مفيد للبشر ومدهش ومبهر للغاية! لكن أكثر مجال في الذكاء الاصطناعي يثير القلق هو المجال العسكري». هنا يتحدث بيل غيتس عن الذكاء الاصطناعي العام الذي يُتيح للعلماء صناعة أسلحة وروبوتات فائقة، تمتلك القدرة على التعلم والتفكير والتحليل والاستنتاج واتخاذ القرار بشكل مستقل دون الرجوع إلى البشر.

لذلك اتفق إيلون ماسك وبيل غيتس على أن الذكاء الاصطناعي إما أن يدمر الكوكب في محاولة لتحقيق أهدافه الخاصة أو التخلص من البشر عن طريق الصدفة، أو عن غير طريق الصدفة.

يقول ديفيد تشالمرز، أستاذ الفلسفة في جامعة نيويورك: «إنني قلق بشأن سيناريو حيث المستقبل هو الذكاء الاصطناعي وإبعاد البشر عن القيادة... إذا تم الاستيلاء على العالم من قبل الروبوتات اللاواعية، فسيكون ذلك كارثيًا وسيكون سيناريو كئيبًا لا يمكن للمرء أن يتخيله».

فإننا سنتوجس خيفة ونتوخى الحيطة ونشعر بالحيرة والتردد والاضطراب، وقد يؤدي ذلك إلى الخوف والفزع حينما نسمع أعظم وألمع علماء ومهندسي وفلاسفة هذا المجال يحذرون من التطور الهائل لهذه التقنية وعواقبها التي لا يمكن أن يدركها الكثير. يُعتبر عالم الرياضيات والمتخصص بمجال الكمبيوتر آلان تورينج أحد مؤسسي هذا العلم الجديد وأبو الذكاء الاصطناعي. مع هذا كان من المتخوفين حينما يتحدث عن الذكاء الاصطناعي

العام، حيث يقول: «ستكون الآلات قادرة على التحدث مع بعضها البعض لشحذ ذكائها. لذلك وفي مرحلة ما، يجب أن نتوقع من هذه الآلات السيطرة على كل شيء».

فإما أن تكون هذه الآلات التي تعمل بتكنولوجيا الذكاء الاصطناعي في طريقها إلى جعل العالم رائعًا وجيدًا بشكل لا يصدق، وإما أنها في طريقها لإنهاء الحضارة والجنس البشري تمامًا.

يمكن لنا كبشر أن نناقش هذه المخاطر ولنا الحق أن نخشى من نتائجها أو عواقبها الوخيمة، فمع استمرار انتشار الذكاء الاصطناعي الناتج عن الخوارزميات المتطورة، فهل سيكون الناس في وضع أفضل مما هم عليه اليوم؟ أم أن التقدم في أنظمة الذكاء الاصطناعي وأنظمة التكنولوجيا ذات الصلة سيقلل من الاستقلالية البشرية إلى حد أن معظم الناس لن يكونوا أفضل حالًا من وضعهم اليوم؟

لكن بالرغم من كل هذا سيبقى الذكاء الاصطناعي أهم أداة في مجموعة أدواتنا التي نمتلكها لحل أكبر التحديات التي تواجهنا في الحياة من نقص الطاقة إلى مشكلة تغيير المناخ والقضايا البيئية. لهذا لا بد للإنسانية أن تكون متفائلة من الناحية التقنية بدل أن تكون متشائمة تقنيًا.

يؤثر الذكاء الاصطناعي على مستقبل كل الصناعات وعلى كل إنسان تقريبًا. لقد كان الذكاء الاصطناعي بمثابة المحرك الرئيسي للتقنيات المبتكرة حديثًا مثل البيانات الضخمة والروبوتات وإنترنت الأشياء، وسيستمر بالعمل كمبتكر ومبتدع تكنولوجي في المستقبل المنظور.

فالذكاء الاصطناعي سيغير عالمنا داخل وخارج مكان العمل. لهذا بدلًا من التركيز على الخوف المحيط بالأتمتة، تحتاج الشركات إلى احتضان هذه التقنيات الجديدة لتضمن أنها تطبق أنظمة الذكاء الاصطناعي الأكثر فعالية لتعزيز وتكميل الذكاء البشري. فالتغيير قادم لا محالة، لهذا يقول الدكتور كاي فو لي رجل الأعمال وعالم الكمبيوتر: «إن الذكاء الاصطناعي سيغير العالم بأسره، أكثر من أي شيء في تاريخ البشرية وحتى أكثر من الكهرباء».

الفصل الأول

نبذة تاريخية

الثورات الصناعية

حاول أن تتخيل كيف ستكون حياتك دون آلات تعمل لمساعدتك، احسب عدد الآلات والأجهزة في منزلك وتلك التي تستخدمها شخصيًا أو التي تحملها معك، قد تصل إلى عدد كبير! وتخيل الأجيال السابقة خلال سنوات طفولتهم، كيف انتقلوا من مكان إلى آخر؟ وكيف تواصلوا فيما بينهم؟

شهد العالم فترة من التطور في النصف الثاني من القرن الثامن عشر، وغالبًا ما يشير المؤرخون لهذه الفترة باسم الثورة الصناعية الأولى، لتمييزها عن فترة التصنيع الثانية التي حدثت في أواخر القرن التاسع عشر إلى أوائل القرن العشرين. فقد حولت الثورة الصناعية الأولى إلى حد كبير المجتمعات الريفية والزراعية في أوربا وأمريكا إلى مجتمعات حضرية وصناعية. فقد بدأت السلع التي تم تصنيعها يدويًا بشق الأنفس تُنتج بكميات كبيرة بواسطة الآلات في المصانع. وذلك بفضل إدخال آلات وتقنيات جديدة في صناعة المنسوجات، وصناعة الحديد، وغيرها من الصناعات.

في عام 1776 قام المهندس والعالم الإسكتلندي جيمس واط باختراع المحرك البخاري، وبدأ تشغيله عن طريق مصدر الطاقة الجديد ألا وهو الفحم، الذي تشكّل تحت الأرض من بقايا النباتات والحيوانات من العصور الجيولوجية المبكرة، فبدأت الثورة الصناعية الأولى مدفوعة بقوة البخار في بريطانيا، ثم انتشرت إلى بقية العالم بما في ذلك الولايات المتحدة الأمريكية. ويرجع الفضل في ذلك جزئيًا إلى مناخ بريطانيا الرطب والمثالي لتربية الأغنام. ولدى بريطانيا تاريخ طويل في إنتاج المنسوجات البريطانية، فأصبح نسج القماش والغزل والإنتاج أسرع ويتطلب وقتًا أقل، وعمالة بشرية أدنى بكثير.

في أوائل القرن التاسع عشر في بريطانيا ظهرت أول قاطرة تعمل بالبخار، وفي الثلاثينيات من نفس القرن بدأت قاطرات مماثلة في نقل البضائع والركاب، فسكك الحديد العابرة للقارات غيرت المجتمع بشكل تام، وبعدها بدأت القوارب والسفن تعمل بالبخار على نطاق واسع، وتحمل البضائع على طول الأنهار والقنوات البريطانية وكذلك عبر المحيط الأطلسي.

بعدها جاءت ثورة جديدة أحدثت قفزة كبيرة أخرى إلى الأمام في مجال التكنولوجيا والمجتمع. فقد وصف المؤرخون السنوات من 1870 إلى 1914 بالثورة الصناعية الثانية والتي شهدت توسعًا في استخدام الكهرباء والنفط والصلب والفولاذ. فالثورة الصناعية الأولى كانت بلا كهرباء، فقد تم استخدام الشموع ومصابيح الغاز لإضاءة المنازل والمصانع في تلك الفترة.

أدى استخدام الكهرباء إلى تغيير جذري في طريقة عمل الناس وحياتهم. كانت بريطانيا أول دولة تقوم بتركيب محطة كهربائية عامة. في عام 1879 قام المخترع الأمريكي توماس أديسون باختراع المصباح الكهربائي المنزلي (يمتلك أديسون 1093 براءة إختراع أمريكية تحمل اسمه، فضلًا عن براءات اختراع ألمانية وفرنسية). وفي نفس العام ظهر أول خط سكة حديد كهربائي في برلين. نمت المدن وانتشرت المصانع، وأضيئت المنازل، وأصبحت حياة الناس منظمة باستخدام التوقيت عن طريق الساعة بدلًا من الشمس. حيث يقول فريمان أستاذ التاريخ والبروفسور في جامعة كوينز Queens College: «لقد كانت الثورة الصناعية الثانية تحولًا هائلًا في حياة الناس».

ساعد التقدم السريع في إنشاء الصُلب والمواد الكيميائية والكهرباء على إنتاج الوقود، فأصبح من الأسهل بكثير التنقل بالقطارات والسيارات والدراجات. في الوقت نفسه انتشرت الأخبار عبر الصحف والإذاعة والتلغراف. وأصبحت الحياة أسرع بكثير.

استخدمت الثورة الصناعية الأولى البخار لتشغيل آلة واحدة لصناعة النسيج، بعدها استخدمت الثورة الصناعية الثانية الكهرباء لتفعيل خط التجميع في المصنع (مجموعة من الآلات) وبهذا انطلق عصر الإنتاج الضخم، فتضاعف الإنتاج، وزادت الأرباح، وكثرت فرص العمل.

أما في القرن العشرين فقد انطلقت الثورة الصناعية الثالثة، وهي الثورة الرقمية، باستخدام الإلكترونيات وتكنولوجيا المعلومات لأتمتة الإنتاج، وبدأ معها عصر الاتصالات والتصنيع الرقمي.

في الماضي، كان المكون الحاسم والمهم للجهاز الإلكتروني عبارة عن أنبوب مفرغ من الهواء والمعروف بمصطلح (vacuum tube). وهو عبارة عن أنبوب إلكتروني يستخدم للتحكم في التيار الكهربائي. لكن مشاكله كانت كثيرة، منها كبر حجمه، وجهد تشغيلهُ العالي، واستهلاكه المفرط للطاقة، وكفاءته الضعيفة. وللتغلب على هذه المشاكل تم اختراع أداة جديدة، كانت حلًا أكثر أناقة، للتغلب على العديد من القيود الأساسية للأنابيب المفرغة، وقد عُرفت هذه الأداة بالترانزستور، وهي لبنة البناء الأساسية للأجهزة الإلكترونية، وتوجد حاليًا في كل الأنظمة الإلكترونية الحديثة.

في عام 1947 تم اختراع الترانزستور من قبل ثلاثة فيزيائيين أمريكيين وهم وليام شوكلي، وجون باردين، ووالتر براتين، وتم منحهم جائزة نوبل لجهودهم الرائعة. كان اختراع الترانزستور تطورًا غير مسبوق في صناعة الإلكترونيات، حيث أصبح التقدم التكنولوجي أكثر تواترًا، وكان أبرزها تكنولوجيا الكمبيوتر. وبالنظر للاختراعات الكثيرة جدًا التي مهد الترانزستور لها الطريق، فيمكن لنا اعتباره أهم وأعظم اختراع في القرن العشرين.

وبفضل قوة الترانزستور وصغر حجمه واستهلاكه المنخفض للطاقة، تم صناعة أجهزة الكمبيوتر المنزلية والكاميرات الرقمية والهواتف المحمولة وظهور الإنترنت وأجهزة التموضع العالمي (GPS) والأجهزة الإلكترونية الأخرى. وستستمر قدرة الإلكترونيات في التحسن والتطور في المستقبل المنظور مُعتمدة تمامًا على الترانزستور بصورة أساسية.

نحن لا نبالغ لو قلنا إن أكثر الأشياء التي أثرت على حياتنا وغيّرتها هي أجهزة الكمبيوتر الشخصية والكبيرة بكل أنواعها. كل هذا بفضل الأداة الصغيرة جدًا والمسماة بالترانزستور، والذي تقاس أبعاده اليوم بالنانومتر بفضل التكنولوجيا المتطورة لتصنيع الرقائق الإلكترونية (microchip). من الصعب القول ما إذا كان الترانزستور أهم اختراع في تاريخ البشرية، لكنه بالتأكيد غيّر العالم تمامًا.

أما اليوم فنحن نقف على حافة ثورة صناعية رابعة ستغير بشكل أساسي الطريقة التي نعيش بها ونعمل ونرتبط ببعضنا البعض. سيكون التحول على عكس أي شيء شهدته البشرية من قبل. تتميز هذه الثورة بمزيج من التقنيات التي تحجب الخطوط الفاصلة بين المجالات المادية والرقمية والبيولوجية.

هناك أسباب تجعل تحولات اليوم لا تمثل مجرد ثورة صناعية كسابقاتها. إن سرعة التطور الهائل والقفزات التكنولوجية ليس لها سابقة تاريخية بالمقارنة مع الثورات الصناعية السابقة، فإن هذه الثورة تتطور بنحو أسي وليس خطي. علاوة على ذلك فإنها تُعطل وتُوقف كل الصناعات السابقة!

مليارات من البشر متصلون عن طريق الإنترنت بواسطة الأجهزة المحمولة، بقوة معالجة حاسوبية غير مسبوقة، وسعة تخزين كبيرة وهائلة، وإمكانية الوصول إلى البيانات والمعلومات والمعرفة غير محدودة، وستتضاعف هذه الإمكانيات بدخول تقنيات ناشئة في مجالات مثل الذكاء الاصطناعي والروبوتات وإنترنت الأشياء والسيارات ذاتية القيادة والطباعة ثلاثية الأبعاد وتكنولوجيا النانو والتكنولوجية الحيوية وتخزين الطاقة والحوسبة الكمومية.

في الحقيقة أن الذكاء الاصطناعي موجود في كل مكان حولنا، من السيارات ذاتية القيادة والطائرات بدون طيار إلى البرامج التي تترجم أو تنفذ أوامرنا. وقد تم إحراز تقدم مذهل في مجال الذكاء الاصطناعي في السنوات الأخيرة، مدفوعًا بالزيادات الهائلة في قوة الحوسبة وتوافر كميات هائلة من البيانات، وتطور الخوارزميات المُستخدمة للتنبؤ.

ومثل الثورات التي سبقتها، فإن الثورة الصناعية الرابعة لديها القدرة على رفع مستويات الدخل العالمي وتحسين نوعية الحياة للسكان في جميع أنحاء العالم. حيث دفعت التكنولوجيا المنتجات والخدمات الجديدة لكي تزيد من كفاءة الحياة ومتعة الإنسان، فقد تمكن الإنسان من تنفيذ الكثير من الأعمال عن بعد ومن ثم أصبح العمل سريعًا ومريحًا وأكثر إنتاجية. ومن الممكن أن يؤدي الذكاء الاصطناعي في المستقبل إلى انخفاض تكاليف النقل والاتصالات وستصبح الخدمات العالمية أكثر فعالية، وستنخفض تكلفة التجارة، كل هذا سيفتح أسواقًا جديدة وسيدفع النمو الاقتصادي إلى الانتعاش.

لن تغير الثورة الصناعية الرابعة ما نقوم به فحسب، بل ستغيرنا نحن البشر. ستؤثر على هويتنا والأمور المرتبطة بها: كإحساسنا بالخصوصية، ومفهومنا للملكية الخاصة، والوقت

الذي نكرسه للعمل والترفيه، وكيفية تطوير وظائفنا وأعمالنا ومهاراتنا، وستؤثر على علاقاتنا الاجتماعية وتغيرها، وقد تؤدي إلى زيادة وزن الإنسان بأسرع مما تتصور!

الذكاء الاصطناعي هو مبدأ مركزي للتغييرات الكبيرة والهائلة للثورة الصناعية الرابعة. ثورة من المحتمل أن تتحدى أفكارنا حول ما يعنيه أن تكون إنسانًا وقد تكون أكثر تحولًا من أي ثورة صناعية أخرى شهدناها حتى الآن.

فلا بد للشركات حول العالم أن تبدأ بالتفكير في استخدام الذكاء الاصطناعي وتقنية تعلم الآلة لإدارة أعمالها بشكل فعال. حيث يمكن لها أن تزدهر وتنمو وتنتعش وتتطور أكثر. فقط من خلال الاستفادة من الذكاء الاصطناعي من أجل تحقيق المزيد من الربح وتلبية احتياجات عملائها. فنحن في عصر يمكن حل أية مشكلة وبسهولة جدًا عن طريق استخدام التكنولوجيا الجديدة.

تعريف الذكاء الاصطناعي

تتقدم التكنولوجيا بسرعة كبيرة هذه الأيام وتجعل حياة الإنسان مليئة بالراحة. وتوفر الأشياء المطلوبة وغير المطلوبة بنقرة واحدة فقط. تساعد التكنولوجيا بشكل كبير في مجال الأعمال أيضًا. هناك العديد من الوسائل والتقنيات المتوفرة في السوق التي تعمل على تحسين الإنتاج، والذكاء الاصطناعي هو أحد هذه الوسائل التي تساعد في زيادة كفاءة العمل.

يتحرك الذكاء الاصطناعي بسرعة مع ظهور الاكتشافات والمعالم الجديدة طوال الوقت. ومن ناحية الذكاء البشري، فإن الذكاء الاصطناعي يُبشر بالقدرة على القيام بالمهام المتعددة، واستدعاء المعلومات وحفظها بشكل مثالي، والعمل بشكل مستمر دون فترات راحة، وإجراء العمليات الحسابية بسرعة قياسية، والتدقيق في السجلات والوثائق الطويلة، واتخاذ قرارات غير منحازة.

السؤال الذي يطرح نفسه بقوة: ما هو الذكاء الاصطناعي؟ بكلمات بسيطة وجمل مُختصرة، يعد الذكاء الاصطناعي نوعًا من الماكينات التي تقلل من الضغط المُسلط على الإنسان وتزيد من قدرات البشر من أجل القيام بعمل فعال.

يعتقد العلماء أنه بات من الصعب جدًا تحديد ما هو الذكاء البشري وما هو الذكاء الاصطناعي، فالبشر يستخدمون الذكاء الاصطناعي أكثر بكثير مما اعتادوا عليه، مما أدى إلى تداخل التعريفين. فقد تطور الذكاء الاصطناعي وبدأ يتفاعل مع البشر، مثل أليكسا (جهاز تم اختراعه من قبل شركة أمازون يمكن إعطاؤه أوامر صوتية ومن ثم يقوم بتنفيذها).

قبل الدخول في تعريف الذكاء الاصطناعي بالتفصيل، دعنا نتعرف على الذكاء بصورة عامة، ما هو الذكاء؟ اختلف العلماء في تعريف الذكاء وما زالوا، لكننا لو تأملنا مجموعة التعاريف التي قدموها لنا ونظرنا فيها بإمعان سنستشف بأن الذكاء هو قدرة الإنسان على الإدراك والفهم والتحليل والاستنتاج.

ومن تعريف الذكاء البشري، قام العلماء بالتوجه نحو السؤال المتعلق بالتكنولوجيا الحديثة والمعروفة بالذكاء الاصطناعي. ألا وهو: ما الذكاء الاصطناعي؟ قد يبدو السؤال سهلًا وبسيطًا، لكن الحقيقة أن الإجابة معقدة نوعًا ما. حيث قرر العلماء بعد مشاورات واجتماعات كثيرة استغرقت فترة ليست قصيرة أن الذكاء الاصطناعي هو قدرة الكمبيوتر الرقمي أو الروبوتات على أداء المهام المرتبطة عادة بالكائنات الذكية، ويُعتبر أحد فروع علم الكمبيوتر وإحدى الركائز الأساسية التي تقوم عليها التكنولوجيا في العصر الحالي.

ويُقسم الذكاء الاصطناعي إلى نوعين أحدهما الذكاء الاصطناعي المعروف بالضيق (Narrow AI) وهو النوع المطبق حاليًا في المؤسسات العلمية والصناعية وفي كافة المجالات كالطبية والمالية والزراعية والإعلانات والترجمة وحتى الفن كالموسيقى والرسم، بالإضافة إلى المجال العسكري. ويتم تعريف الذكاء الاصطناعي الضيق على أنه نوع محدد من الذكاء الاصطناعي تتفوق فيه التكنولوجيا على البشر في بعض المهام المحددة بدقة شديدة.

أما النوع الثاني فهو الذي يُعرف بالذكاء الاصطناعي العام (General AI) وهو الذي يسمح للآلة بتطبيق المعرفة والمهارات في سياقات مختلفة. وهذا يعكس بدقة الذكاء البشري من خلال توفير فرص التعلم الذاتي وحل المشكلات. فالذكاء الاصطناعي العام يمكن أن يفهم، ويفكر، ويتخذ القرارات. على عكس الذكاء الاصطناعي الضيق، الذي يركز على مجموعة فرعية واحدة من القدرات المعرفية والتقدم في هذا الطيف.

ومع ذلك، وعلى الرغم من جميع التطورات التي تم تحقيقها في الذكاء الاصطناعي على مدى السنوات الماضية، إلا أنه ليس لدينا أدنى فكرة، حول متى سنكون قادرين على تحقيق الذكاء الاصطناعي العام. حيث تختلف التوقعات بشأن الوقت الذي سنكون فيه قادرين على تحقيق ذلك. فقد اتفق علماء بارزون في هذا المجال، على أن ما يحدث بعد تلك النقطة يصعب التنبؤ به. من المرجح بعد تلك النقطة من الزمن، أنه سيكون هناك المزيد من التطور السريع الذي لم نشهده من قبل وقد يكون مخيفًا. ومن الممكن بعد ذلك التاريخ ألا يعد البشر قادة الفكر على وجه الأرض.

ويتم في الذكاء الاصطناعي العام بناء آلات لها القدرة على التفكير والإدراك والتحليل والاستنتاج واتخاذ القرارات ذاتيًا وبشكل مستقل عن البشر، ويتم هذا عن طريق تقنية جديدة بدأت تأتي بنتائج رائعة والتي تُعرف بتعلم الآلة (Machine Learning) وتعتبر أحد فروع الذكاء الاصطناعي التي استخدمت فيما بعد خوارزميات معقدة تُعرف بالتعلم العميق (Deep Learning) وهذا ما يتم تطويره حاليًا في جميع مجالات الحياة، وخاصة في المجال العسكري والأسلحة المستقلة.

باستخدام تقنية تعلم الآلة، يحصل علماء البيانات على أجهزة كمبيوتر تعمل دون أن تتم برمجتها بشكل صريح حول ما يجب فعله. يتم تحميل أجهزة الكمبيوتر بكميات هائلة من البيانات. ثم يتم تطبيق تقنيات مختلفة مثل الانحدار الخطي (linear regression) لتطوير أفضل خوارزمية ممكنة للتنبؤ أو الإجابة أو إعطاء إرشادات وملاحظات حول سؤال ما. وبعبارة أخرى، هي طريقة وعملية تعلم النظام التنبؤ بالمستقبل بناءً على الأمثلة السابقة. ويتطلب ذلك من علماء البيانات التفاعل مع النظام، وتقديم رؤى حول ما الذي نبحث عنه.

التحدي وهدف العلماء الآن هو الانتقال من الذكاء الاصطناعي الضيق إلى الذكاء الاصطناعي العام في المجالات المتقدمة مثل رؤية الكمبيوتر (computer vision) بالإضافة إلى معالجة اللغة الطبيعية (natural language processing). للوصول إلى الذكاء الاصطناعي العام، تحتاج أجهزة الكمبيوتر إلى زيادة في قوة وقدرة الحوسبة، لإجراء المزيد من العمليات الحسابية الإجمالية في الثانية الواحدة.

حاليًا، يُطلق على أحد الأساليب الرئيسية للذكاء الاصطناعي العام «محاكاة الدماغ بالكامل» حيث يتم نقل ذاكرة الدماغ والحالة العقلية إلى جهاز كمبيوتر. تشبه هندسة الكمبيوتر

بنية الدماغ لأنها يمكن أن تعمل من خلال نظام من الخلايا العصبية، والذي يسمى نظام الشبكة العصبية. عندما يتم اتخاذ الإجراء الصحيح، فإنه يقوي اتصالات الترانزستور في مسارات إطلاق الإشارة. ومن خلال الطريقة المعروفة بالتجربة والخطأ، يمكن للتكنولوجيا أن تتعلم وتشكل مسارات عصبية ذكية.

حتى الآن، تمكن العلماء من استنساخ دماغ دودة مسطحة بحجم 1 مليمتر تتكون من 302 خلية عصبية. ومع ذلك، فإن الدماغ البشري يحتوي على 100 مليار خلية عصبية، مما يعني أن لدينا طريقًا طويلًا وصعبًا قبل أن نتمكن من إعادة إنشاء دماغنا.

تم اعتبار أجهزة الكمبيوتر الكمومية بديلًا مناسبًا، والتي تستخدم ميكانيكا الكم لمعالجة بيانات أكثر من أجهزة الكمبيوتر العادية بشكل كبير، لتكون الحد التكنولوجي التالي وأقصى ما انتهى إليه العلم لتسهيل الوصول إلى الذكاء الاصطناعي العام، وتحقيق الهدف المرجو.

لكي يتطابق الذكاء الاصطناعي العام مع الذكاء البشري، يجب أن يكون قادرًا على نقل التعلم والمعرفة من بيئة إلى أخرى، واستخدام الحس السليم، والعمل بشكل تعاوني مع الآلات والبشر الآخرين، وتحقيق الوعي والإدراك والاستيعاب.

بدايات الذكاء الاصطناعي

في الخمسينيات من القرن الماضي برزت مجموعة من علماء الرياضيات والفلاسفة الذين كان لديهم علم بمفهوم الذكاء الاصطناعي. أحد هؤلاء هو الشاب الإنكليزي آلان تورينج، فيلسوف وعالم رياضيات وكمبيوتر ومتخصص أيضًا في مجال المنطق. كشف الإمكانية الرياضية للذكاء الاصطناعي، حيث اقترح تورينج أن البشر يستخدمون العقل والمعلومات المتاحة لهم من أجل حل المشاكل واتخاذ القرارات، فلماذا لا تستطيع الآلات أن تفعل الشيء نفسه؟ مما دفعه لتقديم ورقة بحثية في عام 1950 بعنوان «الآلات الحاسوبية والذكاء» التي ناقش فيها كيفية بناء آلات ذكية وكيفية اختبار ذكائها.

لم يتم تأسيس مجال الذكاء الاصطناعي رسميًا حتى عام 1956 في المؤتمر العلمي الذي تم عقده في جامعة دارتموث في مدينة هانوفر في الولايات المتحدة الأمريكية،

فقد تم صياغة مصطلح الذكاء الاصطناعي (Artificial Intelligence) في هذا المؤتمر من قبل البروفسور الشاب وعالم الكمبيوتر الأمريكي الدكتور جون مكارثي.

وخلال السنوات العشرين التي تلت هذا المؤتمر ازدهر مجال الذكاء الاصطناعي وذلك بسبب الزيادة الكبيرة التي حدثت في ذاكرة أجهزة الكمبيوتر في حينها، فقد تمكن الكمبيوتر من تخزين كمية لا بأس بها من البيانات مقارنة بما كانت في الخمسينيات، بالإضافة إلى الزيادة الملحوظة في سرعة تنفيذ العمليات من قبل الكمبيوتر، كما تحسنت خوارزميات تعلم الآلة.

لكن التطور الكبير الذي حدث في الذكاء الاصطناعي، لم يقابله تطور مشابه ومساوٍ له في أجهزة الكمبيوتر، فظهرت تحديات كثيرة كالافتقار إلى قوة الحوسبة العالية نسبيًا للقيام بأي شيء جوهري، ولم تتمكن أجهزة الكمبيوتر من تخزين بيانات كافية أو معالجتها بسرعة عالية، فقد كانت أجهزة الكمبيوتر أضعف بملايين المرات من تحقيق متطلبات الذكاء الاصطناعي، لذلك توقف التمويل وتوقفت البحوث معه في هذا المجال.

في الثمانينيات من القرن الماضي عادت الدراسات والتجارب في مجال الذكاء الاصطناعي بعد تطور أجهزة الكمبيوتر، حيث استثمرت الدول وخاصة اليابان أموالًا طائلة بهدف إحداث ثورة في صناعة وتطوير وحدة المعالجة المركزية (CPU) وتحسين الذكاء الاصطناعي. فأصبح الذكاء الاصطناعي أكثر شيوعًا اليوم بفضل زيادة حجم البيانات والخوارزميات المتقدمة والتحسينات في قوة الحوسبة والتخزين.

مهد هذا العمل المبكر الطريق للأتمتة والمنطق والتعلم الذي نراه اليوم في أجهزة الكمبيوتر، بما في ذلك أنظمة دعم القرار وأنظمة البحث الذكية التي يمكن تصميمها لتكميل وتعزيز القدرات البشرية.

في عام 1997 قامت شركة IBM المعروفة، بصناعة كمبيوتر أطلق عليه اسم Deep Blue الذي كان مخصصًا فقط للعبة الشطرنج، وأقيمت مباراة بين هذا الكمبيوتر وبين بطل العالم للشطرنج اللاعب الروسي غاري كاسباروف، التي فاز بها الكمبيوتر على أعظم لاعب شطرنج في العالم! وقد حظيت هذه المباراة بتغطية إعلامية كبيرة، حيث يشكل هذا الفوز خطوة كبيرة نحو برنامج «اتخاذ القرار الذكي بشكل مصطنع».

وفي عام 2017 تمكنت شركة Deep Mind من تصنيع كمبيوتر مدعوم بالذكاء الاصطناعي والذي أطلق عليه AlphaGo Master حيث فاز الأخير على اللاعب الذي يحتل المركز الأول حول العالم في لعبة Go والتي هي أكثر تعقيدًا من لعبة الشطرنج.

وبعد هذا الحدث بسنة واحدة، قامت نفس الشركة بتقديم دعوة لأحد أفضل لاعبي لعبة الفيديو ستار كرافت 2 (StarCraft II) إلى مواجهة أحدث آلة ذكاء اصطناعي لديها، مصممة للعب لعبة ستار كرافت. وكان الكمبيوتر الجديد يُدعى AlphaStar. حيث كان من المتوقّع أن يكون بطل العالم في هذه اللعبة خصمًا قويًا، لكنه مع كل الأسف لم يكن كذلك وخيب ظن الكثير الذين أصيبوا بالذهول والدهشة. فقد تم هزيمته هزيمة فادحة بنتيجة 0-5، بعدها علّق بطل هذه اللعبة المهزوم قائلًا: «لم أتوقع أن يكون الذكاء الاصطناعي بهذه الجودة».

نحن نعيش اليوم في عصر ما يعرف بالبيانات الضخمة (Big Data)، عصر نمتلك فيه القدرة على جمع كمية هائلة من البيانات التي لا يمكن للمرء معالجتها أو تحليلها. إن البيانات الضخمة وقوة الحوسبة المتطورة تسمح للذكاء الاصطناعي بالتعلم والتحليل والاستنتاج، وقد ساعد بذلك أيضًا التعمق في مجال الرياضيات وعلم الكمبيوتر وعلم الأعصاب.

إذن ما الذي يخبئه المستقبل القريب؟ يبدو أن تقنية الذكاء الاصطناعي هي التي ستحتل اهتمام العلماء والناس على حد سواء، ويبدو أن هدف العلماء الرئيسي هو الذكاء الاصطناعي العام، وهي آلة تتجاوز القدرات المعرفية البشرية في جميع المهام. لكن على ما يبدو أن هذا الهدف صعب التحقيق في فترة زمنية تقل عن خمسين سنة من وقتنا الحالي، حتى إن كانت القدرة العلمية موجودة، فإن الأسئلة الأخلاقية ستكون بمثابة حاجز قوي ضد تحقيق هذا الهدف.

فقد أثار استخدام تكنولوجيا تعلم الآلة (فرع من الذكاء الاصطناعي) العديد من المخاوف الأخلاقية بسبب الإمكانية العالية لانتهاك حقوق صور الناس وكذلك إنشاء صور سياسية مزيفة باستخدام تقنية جديدة تعرف بالتزييف العميق (deepfakes) حيث تقوم الشبكة العصبية الرقمية بتشفير الصورة ثم فك تشفيرها، وقد اتضح أنه إذا قمت بتدريب الشبكة على وجهين مختلفين، يمكنك تركيب ميزات وملامح وجه على وجه آخر بطريقة يمكن تصديقها ولا يمكن كشفها.

يعتقد بيل غيتس، المؤسس لشركة Microsoft، أن هناك سببًا يدعو إلى توخي الحذر، ولكن يمكن أن يتفوق الخير على الشر إذا تم إدارته بشكل صحيح. نظرًا لأن التطورات الأخيرة جعلت الأجهزة فائقة الذكاء ممكنة في وقت أقرب بكثير مما كان يعتقد في البداية، فقد حان الوقت الآن لتحديد مخاطر الذكاء الاصطناعي.

يعمل الخبراء اليوم في هذا المجال من أجل الذكاء الاصطناعي العام، حيث يمكن للأنظمة التعامل مع أي مهمة يمكن أن يقوم بها البشر الأذكياء، وعلى الأرجح فإنه سيتفوق علينا ويهزمنا في كل منها.

يتم استخدام معظم التطبيقات الحالية للذكاء الاصطناعي بشكل إيجابي على البشرية، لكن يمكن استخدام أي أداة قوية لأغراض ضارة عندما تقع في أيادي خاطئة. وهناك بالفعل الكثير من تطبيقات الذكاء الاصطناعي التي تجعل حياتنا اليومية أكثر راحة وكفاءة. إنها التطبيقات والأنظمة التي تلعب دورًا حاسمًا في ضمان سلامة البشر. لكن لو تم اختراق هذه الأنظمة والتطبيقات من قبل العدو أو الأشرار، فقد يؤدي ذلك إلى ضرر جسيم.

أهمية الذكاء الاصطناعي

ما الدور الذي تلعبه هذه التكنولوجيا في تحسين المجتمع بشكل عام؟ كيف تساعدنا على البقاء بأمان وبصحة جيدة؟ كيف تدعم الإنسان الأكثر ضعفًا وتحمي كوكبنا للأجيال القادمة؟

يُثبت الذكاء الاصطناعي أنه مفيد في جميع المجالات سواء كُنا نتحدث عن حياتنا اليومية أو لأغراض تجارية. ويلعب دورًا حيويًا في تغيير الحياة وجعلها أكثر كفاءة بكل الطرق الممكنة. فالذكاء الاصطناعي مفيد للغاية في زيادة الإنتاج ويساعد أيضًا في الحفاظ على الجودة.

إن أهمية الذكاء الاصطناعي ومكوناته معروفة منذ وقت طويل. ويتم النظر إليها كأدوات وتقنيات لجعل هذا العالم مكانًا أفضل. وما عليك إلا أن تقترب إلى هذه الأدوات التقنية الفاخرة لتتمكن من استخدامها. يمكنك ببساطة أن تنظر حولك فسترى أن معظم مهامك أصبحت ممهدة وسلسة ومريحة وناعمة باستخدام الذكاء الاصطناعي.

قد يكون من الأسهل تحديد الجزء الذي لم يلمسه الذكاء الاصطناعي في مجتمعنا الحديث لإظهار مدى أهمية هذه التقنية في حياتنا اليومية وعملياتنا التجارية ومجتمعنا. تؤثر أجهزة الذكاء الاصطناعي على كل جانب من جوانب حياتنا تقريبًا للمساعدة في تحسين كفاءة البشر وزيادة قدراتهم. إن الذكاء الاصطناعي متشابك جدًا في كل ما نقوم به، ومن الصعب تخيل الحياة بدونه.

من الواضح أنه إذا أبعدنا الذكاء الاصطناعي عن حياتنا، فسيبدو عالمنا مختلفًا تمامًا في كل شيء. نظرًا لأن الاستثمارات والبحوث الحالية تؤدي إلى استخدامات موسعة ومتكاملة للذكاء الاصطناعي، يمكننا أن نتوقع أن تصبح التكنولوجيا أكثر تشابكًا في وجودنا اليومي وأماكن العمل والمجتمع.

تكمن أهمية الذكاء الاصطناعي في جعل حياتنا أسهل. وتعتبر هذه التقنيات ميزة عظيمة للبشر ومن ثم فهي مبرمجة لتقليل الجهد البشري قدر الإمكان. وتميل إلى امتلاك القدرة على العمل بطريقة آلية، ومن ثم فإن التدخل اليدوي هو أقل شيء يمكن طلبه أو رؤيته أثناء تشغيل الأجزاء المرتبطة بهذه التكنولوجيا.

تميل هذه الآلات إلى تسريع المهام والعمليات الخاصة بك إلى جانب مستوى مضمون من الدقة، وهذا ما يجعلها أداة مفيدة ومهمة. بصرف النظر عن جعل العالم مكانًا خاليًا من الأخطاء من خلال تقنياتها البسيطة واليومية، فإن هذه التقنيات والتطبيقات لا تتعلق فقط بحياتنا اليومية والعامة، بل تؤثر على المجالات والميادين والحقول الأخرى.

حيث يمكن استخدام الذكاء الاصطناعي على نطاق واسع في مجال الرعاية الصحية. وهذه التكنولوجيا قابلة للتطبيق في العمليات المؤتمتة والتشخيصات التنبؤية والتدخلات الوقائية والجراحة الدقيقة ومجموعة من العمليات السريرية الأخرى. يتوقع بعض الخبراء أن الذكاء الاصطناعي سيعيد تشكيل مشهد الرعاية الصحية بالكامل للأفضل.

فالذكاء الاصطناعي ينقذ الأرواح، وهذا ليس شكلًا من أشكال الكلام فحسب. فمن العمليات الجراحية الروبوتية إلى مساعدي التمريض الافتراضيين ومراقبة المرضى، يستخدم الأطباء الذكاء الاصطناعي لتوفير أفضل رعاية لمرضاهم. وكذلك يساعد تحليل الصور والمهام الإدارية المختلفة - مثل أرشفة بيانات المرضى والرسوم البيانية - على

تقليل تكلفة العمالة البشرية الباهظة الثمن ويسمح للعاملين الطبيين بقضاء المزيد من الوقت مع المرضى.

ويعتقد البعض أن الذكاء الاصطناعي يمكن أن يخلق وظائف جديدة أكثر من أي وقت مضى. وفقًا لهذا الاعتقاد، سيكون الذكاء الاصطناعي أهم محرك عمل شهده العالم على الإطلاق. سوف يقضي الذكاء الاصطناعي على الوظائف منخفضة المهارة، ويخلق بشكل فعال فرص عمل ضخمة من ذوي المهارات العالية التي ستغطي جميع قطاعات الاقتصاد.

يعد الذكاء الاصطناعي مفيدًا جدًا في جميع الصناعات حيث يتم إجراء المزيد من الأبحاث لتطويره. ستكون التطورات في تقنية الذكاء الاصطناعي هذه مفيدة للغاية إن كانت مفهومة وموثوقة، حيث إن الذكاء الاصطناعي والتقنيات ذات الصلة مثل الطائرات بدون طيار والروبوتات والمركبات المستقلة يمكن أن تخلق حوالي عشرات الملايين من الوظائف على مدى العقد المقبل. إن توفير المزيد من الوظائف سيكون خبرًا رائعًا للجميع، وسيساعد على تعزيز الناتج المحلي الإجمالي للاقتصاد.

أما في مجال التعليم، فالرؤية الواسعة للذكاء المتزايد مناسبة بشكل مثالي لتحويل وتبديل وتطوير التعليم العالمي -ليس فقط التعليم الرسمي- ولكن أيضًا التعلم الذي يحدث خارج القاعة الدراسية. من خلال الجمع بين القدرات الفريدة للإنسان والآلات، تستعد التكنولوجيا المعرفية للوصول إلى شرائح سكانية كبيرة لا يمكن للمعلمين وحدهم الوصول إليها. يتوقع الكثيرون التعايش غير المسبوق بين البشر والآلات التي تعزز خبرات التعلم الشخصية في كل مكان.

في المواقف عالية المخاطر، يمكن أن توفر الحوسبة الإدراكية للمسؤولين رؤية أكبر ووعيًا أفضل بالظروف، مما يمكّنهم من حماية الناس بشكل أكثر فعالية. يستخدم الخبراء والمتخصصون هذه القدرات الجديدة لمكافحة الأوبئة وإدارة الكوارث ومحاربة الجريمة.

إن فوائد وأهمية الذكاء الاصطناعي لا يمكن لنا حصرها وتعدادها في أسطر قليلة، بسبب أن هذه التكنولوجيا قد دخلت العديد من مجالات الحياة، كالمجال الصناعي والزراعي والتجاري والمالي، والمجال الطبي والتعليمي والبحث العلمي، وكذلك العسكري والأمني،

ومجال الفضاء وعلم الفلك، والنقل والسكن، والفن والرياضة، واللغة والترجمة، والتعرف على الصوت والصورة، والمزيد من هذه الحقول والميادين.

وإذا تمت مقارنة الآلة بالإنسان في مجال العمل، فان الآلات لا تتطلب فترات راحة متكررة مثل البشر. ويمكن برمجتها للعمل لساعات طويلة ويمكنها أداء الوظيفة بشكل مستمر دون الشعور بالملل أو التشتيت أو حتى التعب. وباستخدام الآلات، يمكننا أيضًا أن نتوقع نفس النوع من النتائج بغض النظر عن التوقيت والتاريخ وما إلى ذلك.

الهاتف الذكي هو أحد الأمثلة اليومية الملائمة لكيفية استخدامنا لقوة الذكاء الاصطناعي لتقليل الحواجز فيما بيننا. وكذلك نحن نفضل استخدام جهاز الملاحة في السيارات (GPS) للرحلات الطويلة. بالإضافة إلى السيارات التي بدأت تتحول نحو الذكاء الاصطناعي، فبدأت تُحقق ميزات مثل القيادة الذاتية، والقدرات التنبؤية، والابتكار التكنولوجي المطلق. وعلاوة على الطائرات بلا طيار التي تقوم بالفعل بشحن المنتجات إلى منزل المستهلك (على الرغم من أنها حاليًا في وضع الاختبار والتجربة) وذلك عن طريق استخدام أجهزة الاستشعار والكاميرات.

يتم نشر الذكاء الاصطناعي على نطاق واسع، واستخدامه من قبل المؤسسات المالية والقطاعات المصرفية لتنظيم وإدارة البيانات. ويُعتبر برنامج «كشف الاحتيال» أحد أفضل مزايا مشاركة الذكاء الاصطناعي في معاملات النظام القائمة على البطاقة الذكية. وميزة استخدام الذكاء الاصطناعي هي مساعدتنا على تقليل الأخطاء وزيادة فرصة الوصول إلى دقة أعلى، وبدرجة ضبط وإحكام أكبر.

فاليوم، يعد الذكاء الاصطناعي موضوعًا شائعًا للغاية، يتم مناقشته على نطاق واسع في دوائر التكنولوجيا والأعمال. ويعتبر العديد من الخبراء ومحللي الصناعة أن الذكاء الاصطناعي هو المستقبل، ولكن إذا نظرنا حولنا، فسنقتنع بأنه ليس المستقبل بل هو الحاضر وما نراه اليوم.

الفصل الثاني

البيانات

تزداد قوة الحوسبة (Computational Power) وتصبح الخوارزميات ونماذج الذكاء الاصطناعي أكثر تعقيدًا. وربما الأهم من ذلك كله، أن العالم يُولّد ويُنتج كميات لا يمكن تصورها من البيانات. يتم جمع البيانات التي يتم قياسها بمليارات (Gigabyte) كل يوم بواسطة الأجهزة المتصلة بشبكة الإنترنت في كل صناعة تقريبًا. ونتيجة لذلك، يتشابك الذكاء الاصطناعي بإحكام في كل جانب من جوانب حياتنا.

يتم إنشاء المزيد والمزيد من البيانات كل يوم. والشركات تقوم بتخزين المزيد من المعلومات لكل شخص، وحتى أن الشركات بدأت في تخزين المزيد من المعلومات من الأجهزة المتصلة بشبكة الإنترنت. إنترنت الأشياء (Internet of Things) ليس شيئًا خياليًا. وقريبًا حتى آلة صنع القهوة الخاصة بك سوف تتبع عاداتك لشرب القهوة وتخزينها على الحوسبة السحابية (Cloud Computing). لهذا ظهر مصطلح البيانات الضخمة وبدأ يكتسب أهمية كبيرة في الوقت الحاضر.

ببساطة، فإن الحوسبة السحابية (Cloud Computing) هي تقديم خدمات الحوسبة -بما في ذلك الخوادم، والتخزين، وقواعد البيانات، والشبكات، والبرمجيات، والتحليلات، والذكاء- عبر الإنترنت لتقديم ابتكار أسرع، وموارد مرنة. مما يساعد على خفض تكاليف التشغيل، وتشغيل البنية الأساسية بكفاءة أكبر، والتوسع بالعمل.

من أحدث مزايا الحوسبة السحابية أنها تُمكّن الشركات من الاستفادة والانتفاع من الذكاء الاصطناعي. وتوفر هذه التكنولوجيا سريعة التطور فرص للتحسين والتطوير الهائل. سرعان ما انتهزتها العديد من الشركات. حيث تتمثل إحدى مزايا استخدام الذكاء الاصطناعي في قدرته على تحديد الأنماط في عادات تصفح العملاء وسلوك الشراء. وذلك باستخدام

ملايين المعاملات وعمليات الشراء السابقة المخزنة، وتحليلها في السحابة، ومن ثم فإن الذكاء الاصطناعي قادر على تقديم عروض دقيقة للغاية للعملاء.

إن إنشاء البيانات يتم دائمًا من خلال التقنيات الرقمية، سواء كنا نستخدم التطبيقات على هواتفنا، أو نتفاعل على وسائل التواصل الاجتماعي لدينا، أو نتسوق ونشتري منتجات عن طريق شبكة الإنترنت. كل هذه المعلومات تتحد مع مصادر بيانات أخرى وتصبح بيانات ضخمة. تجمع الشركات هذه البيانات الضخمة عن طريق تقنيات الذكاء الاصطناعي لتطوير قدرتها على تحسين حياتنا اليومية من خلال تجارب وخبرات أسرع.

يتم إنتاج البيانات عن طريق آلات المصانع وأجهزة الكمبيوتر، ومعدات الرعاية الصحية في المستشفيات أو مكاتب وعيادات الطبيب، وتذاكر الطيران الإلكترونية في المطارات، ومن السيارات المتصلة بالإنترنت. وكذلك من النصوص والصوت والفيديو والصور.

البيانات الضخمة هي الوقود الذي يُمكّن الذكاء الاصطناعي من التعلم بسرعة أكبر. ووفرة البيانات التي نجمعها تُزود الذكاء الاصطناعي بالأمثلة التي يحتاجها لتحديد الاختلافات فيما بينها، وزيادة قدرات التعرف على البيانات، وتمييز التفاصيل الدقيقة داخل هذه البيانات.

يتم تحليل البيانات الضخمة من قبل المؤسسات والشركات لأسباب مثل اكتشاف الأنماط والنماذج، والميول المتعلقة بالسلوك البشري وتفاعلنا مع التكنولوجيا، والتي يمكن استخدامها بعد ذلك لاتخاذ قرارات تؤثر على طريقة حياتنا وعملنا وسلوكنا.

أصبحت البيانات الضخمة جزءًا لا يتجزأ من حياتنا بشكل متزايد. فكل شخص يستخدم نوعًا من التكنولوجيا هو مصدر للبيانات. تقدم لنا الشركات الكبيرة بياناتها بينما تستخدم أيضًا البيانات التي نقدمها لها. إنهم يحللون باستمرار تلك البيانات لإنتاج وتطوير منتجات جديدة أكثر كفاءة.

تعريف البيانات

يتفق رجال الأعمال وأصحاب الشركات والمتخصصون في الصناعة والباحثون، على أن البيانات الكبيرة والهائلة أصبحت لاعبًا كبيرًا في معظم أنواع الصناعات الحديثة، إن

لم يكن جميعها، على مدى السنوات القليلة الماضية. حيث تستمر البيانات الضخمة في اختراق حياتنا اليومية.

فقد أصبحت البيانات واحدة من أهم أصول الأعمال اليوم. وقد أضحت البيانات في صميم العديد من ابتكارات التكنولوجيا التحويلية بما في ذلك التحليلات التنبؤية والذكاء الاصطناعي وتعلم الآلة وإنترنت الأشياء.

قبل أن نتطرق لتعريف البيانات الضخمة، علينا أولًا معرفة ما هي البيانات، وما هو الاختلاف بينها وبين المعلومات. البيانات هي الشكل الخام لأي محتوى ننتجه، مثلًا لو كان لدينا عشرة أشخاص وقمنا بقياس أطوالهم وسجلناها على ورقة، فهذه الورقة تحوي بيانات، وليس معلومات.

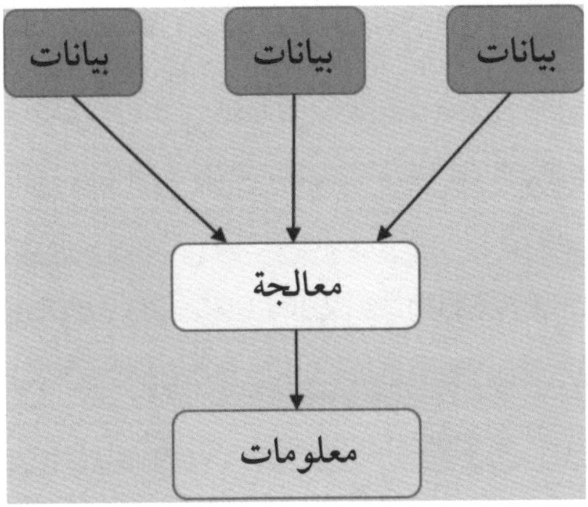

أما المعلومات فهي مخرجات أي عملية معالجة للبيانات الخام، بمعنى لو أخذنا أطوال هؤلاء الأشخاص العشرة وقمنا بحساب المتوسط الحسابي لهم، هذا المتوسط هو معلومة أو معلومات، لأنه يعطي مقياس مفيد يمكن الاستفادة منه. بينما البيانات مجرد أرقام مسجلة على ورقة. أي أن المعلومات هي بيانات تم إجراء عملية معالجة عليها، كما موضح في الشكل أعلاه.

البيانات الضخمة

يقول الكاتب الأمريكي جون نايسبيت: «نحن نغرق في بحر المعلومات، ونتضور جوعًا للمعرفة». في السنوات الخمسين الماضية، كان هناك انفجار للبيانات. هذه الكتلة من

البيانات عديمة الفائدة ما لم نحللها ونجد الأنماط والعلاقات الرياضية المخفية بداخلها. تُستخدم تقنية تعلم الآلة للعثور على هذه الأنماط الأساسية القيمة ضمن البيانات المعقدة التي قد نكافح من أجل أن نكتشفها. ففي السنوات القليلة الماضية زادت وبشكل ملحوظ عمليات جمع البيانات وتحليلها بفضل تكنولوجيا إنترنت الأشياء (Internet of Things) وانتشار الأجهزة المتصلة بهذه الشبكة العملاقة وارتفاع سرعة معالجة الكمبيوتر للتعليمات.

ربما كان مصطلح البيانات الضخمة (Big Data) موجودًا قبل فترة زمنية ليست قصيرة، ولكن لا يزال هناك الكثير من الارتباك حول ما يعنيه هذا المصطلح بالفعل. في الواقع، يتطور المفهوم باستمرار ويتم إعادة النظر فيه، حيث يظل القوة الدافعة وراء العديد من الموجات المستمرة للتحول الرقمي، بما في ذلك الذكاء الاصطناعي وعلوم البيانات وإنترنت الأشياء. ولكن ما البيانات الضخمة بالضبط وكيف تغير عالمنا؟

في عام 2011 قام معهد ماكنزي العالمي بتعريف مفهوم «البيانات الضخمة» وذكر أنها أيٌّ مجموعة من البيانات التي يفوق حجمها قدرة أدوات قواعد البيانات التقليدية من استرجاع وتخزين وإدارة وتحليل تلك البيانات. أي أنها البيانات التي تفوق القدرات الحاسوبية لأجهزة الكمبيوتر، بسبب قابلية التخزين (الذاكرة) أو سرعة تنفيذ التعليمات البرمجية (سرعة المعالج المركزي).

إذن البيانات الضخمة (Big Data) هي مصطلح يصف الحجم الكبير للبيانات، البيانات الكبيرة جدًا أو السريعة أو المعقدة، بحيث يصعب أو يستحيل معالجتها باستخدام الطرق التقليدية. لكن مقدار البيانات ليس هو المهم، بل ما تقوم به الشركات والمؤسسات بهذه البيانات هو الأمر المهم. يمكن تحليل البيانات الضخمة للحصول على رؤى تؤدي إلى قرارات أفضل وتحركات تجارية أوسع.

تحليل البيانات الضخمة هي عملية استخدام تقنيات تحليلية متقدمة لمجموعات بيانات كبيرة ومتنوعة للغاية تشمل بيانات منظمة وشبه منظمة وغير منظمة من مصادر مختلفة، وفي أحجام مختلفة من تيرابايت إلى زيتا بايت.

تسمح عملية تحليل البيانات الضخمة للمحللين والباحثين ومستخدمي الأعمال باتخاذ قرارات أفضل وأسرع باستخدام البيانات التي كان يتعذر الوصول إليها أو عدم

إمكانية استخدامها في السابق. ويمكن للشركات استخدام تقنيات تحليلات متقدمة مثل تحليلات النصوص وتعلم الآلة والتحليلات التنبؤية واستخراج البيانات والإحصاءات ومعالجة اللغة الطبيعية للحصول على رؤى جديدة من مصادر البيانات التي لم يتم استغلالها سابقًا.

يُشير مصطلح السرعة في موضوع البيانات إلى السرعة التي يتم بها إنشاء البيانات الضخمة ومعالجتها وتحليلها. في كثير من الحالات، يتم تحديث مجموعات البيانات الضخمة على أساس الوقت الحقيقي أو شبه الحقيقي، بدلًا من التحديثات اليومية أو الأسبوعية أو الشهرية التي يتم إجراؤها في العديد من مستودعات البيانات التقليدية.

مصدر البيانات

تأتي البيانات الضخمة من مصادر مختلفة لا تُعد ولا تُحصى، مثل أنظمة المعاملات التجارية، وقواعد بيانات العملاء، والسجلات الطبية، وسجلات النقر على الإنترنت، وتطبيقات الهاتف المحمول، وشبكات التواصل الاجتماعي، ومستودعات البحث العلمي، والبيانات التي يتم إنشاؤها آليًا، وأجهزة استشعار البيانات في الوقت الحقيقي المستخدمة في إنترنت الأشياء. وقد تُترك البيانات في شكلها الخام في أنظمة البيانات الكبيرة أو تتم معالجتها مسبقًا باستخدام أدوات استخراج البيانات أو برامج إعداد البيانات حتى تكون جاهزة لاستخدامات تحليلية معينة.

تُمهد استراتيجية البيانات الضخمة الطريق لنجاح الأعمال التجارية وسط وفرة من البيانات. تتألف البيانات الضخمة من كل من البيانات المنظمة، التي تشكل جزءًا ضئيلًا يصل إلى 10٪ مقارنة بالبيانات غير المنظمة والتي تشكل الباقي. فالبيانات المنظمة تأتي من قواعد البيانات التقليدية أما البيانات غير المنظمة فهي ما ينتجه الناس العاديون على الشبكة العنكبوتية (الإنترنت) كرسائل البريد الإلكتروني والتسجيلات الصوتية ومقاطع الفيديو والعدد الهائل من الصور والتغريدات على شبكة التواصل الاجتماعي twitter بالإضافة إلى العدد الكبير للمنشورات التي تُكتب على facebook ورسائل الدردشة التي تتبادل بين الناس عن طريق WhatsApp وبيانات مؤشر الأسهم والمعاملات المالية والنقرات على الروابط والصور، وغيرها من التطبيقات الكثيرة التي تُستخدم من قبل الناس.

فالبيانات الضخمة مزيج من البيانات المنظمة وشبه المنظمة وغير المنظمة التي تجمعها المؤسسات والتي يمكن أن تكون مليئة بالمعلومات، لاستخدامها في مشاريع وفروع الذكاء الاصطناعي كتعلم الآلة، والتعلم العميق، والتعلم المعزز، والنمذجة التنبؤية، وتطبيقات التحليلات المتقدمة الأخرى.

فاذا أخذنا مقدار البيانات ليوم واحد فإننا سنحصل على أرقام صادمة! حيث يُرفع 720 ألف ساعة من الفيديو على موقع Youtube وحده، وتصل عدد التغريدات على Twitter إلى 500 مليون تغريدة، أما على Facebook فيُنشر أكثر من 350 مليون صورة في اليوم الواحد بالإضافة إلى 720 مليون تعليق، ويُرسل أكثر من 850 مليون رسالة إلكترونية، ويتم تبادل أكثر من 65 مليار رسالة نصية على WhatsApp. كل هذه البيانات خلال 24 ساعة فقط.

بالإضافة إلى جهاز الكمبيوتر المرتبط بالإنترنت والشبكات الاجتماعية، هناك مصدر آخر لا يقل أهمية عن كل ما ذكرناه، وهو ما يُعرف بإنترنت الأشياء (Internet of Things) وهي شبكة الأجهزة الذكية المتنوعة المرتبطة بالإنترنت مثل السيارة والثلاجة والتلفزيون وحتى المصابيح وأكثر أجهزة البيت الحديثة. كل هذه الأجهزة تزودنا بالبيانات وبكميات لا يمكن تخيلها.

ومع نمو إنترنت الأشياء، تتدفق البيانات إلى الشركات بسرعة لم يسبق لها مثيل، ويجب علينا التعامل معها في الوقت المناسب. تقوم تقنية التعرف على الهوية باستخدام موجات الراديو (RFID) وأجهزة الاستشعار والعدادات الذكية على التعامل مع هذه السيول من البيانات في الوقت الفعلي تقريبًا. إن تقنية إنترنت الأشياء والأجهزة المتصلة الأخرى أدت إلى زيادة هائلة في كمية المعلومات التي تجمعها الشركات وتديرها وتحللها.

وجد علماء ومهندسو البيانات أن معدل زيادة كمية البيانات في ارتفاع سنة بعد سنة، ففي عام 2005 كان لدينا 130 إكسابايت (إكسابايت هي وحدة قياس تُستخدم لقياس حجم ذاكرة الكمبيوتر وهي تساوي رقم واحد أمامه 18 صفرًا، أي مليون ترليون بايت). ازدادت هذه الكمية من البيانات في عام 2010 إلى 1200 إكسابايت، حتى وصل في عام 2018 إلى 20 ألف إكسابايت.

شركة Domo هي شركة برمجيات مهتمة بالبيانات، تقوم هذه الشركة في كل سنة بإصدار تقرير تحت عنوان (data never sleeps) توضح فيه كمية البيانات التي أنتجتها البشرية. فتذكر

في آخر تقرير لها بأننا ننتج بيانات في كل يوم تقدر بـ 2.5 كوانتليون. الكوانتليون يمثل رقم واحد أمامه 21 صفرًا، أي أن مقدار البيانات في اليوم الواحد هي 2500 مليون ترليون بايت!

نلاحظ في الشكل أدناه أن البيانات التي تم توليدها وإنتاجها ازدادت بشكل كبير حيث وصلت في عام 2020 إلى أكثر من 50 زيتابايت. وكل هذه الأرقام ووحدات القياس لم نسمع عنها في حياتنا اليومية، فهي أرقام ضخمة، حيث إن زيتابايت هي وحدة قياس تُستخدم لقياس حجم ذاكرة الكمبيوتر وهي تساوي رقم واحد أمامه 21 صفرًا.

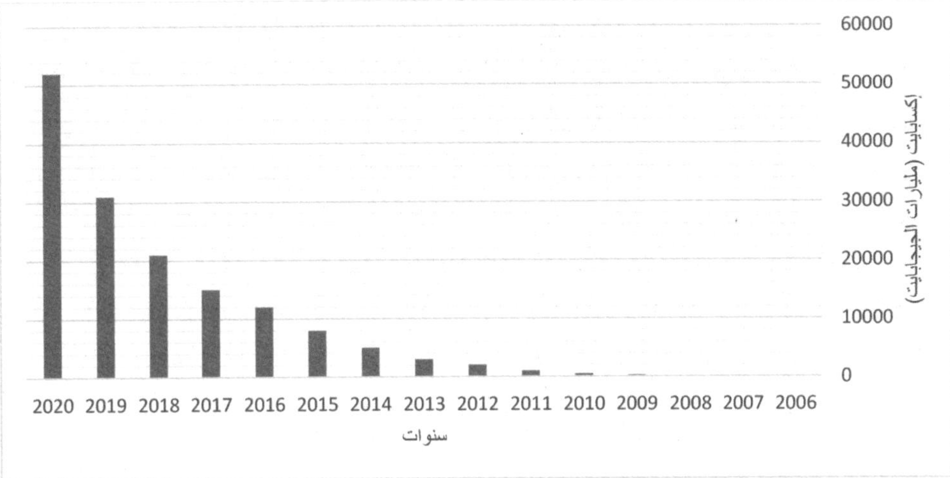

«ازدياد كمية البيانات مع الوقت»

وبعيدًا عن الإنترنت، فهناك مصادر كثيرة يمكن أن نجمع منها بيانات ومن ثم معالجتها وتحليلها والاستفادة منها. فعلى سبيل المثال، فإن الطائرة نوع Airbus 380 تنتج مليار شفرة من الشفرات البرمجية كل نصف ساعة، وهو ما يقارب 10 تيرابايت من البيانات (تيرابايت يساوي ترليون بايت). هذه البيانات تزودها المحركات وأجهزة الاستشعار (sensors) الموجودة في الطائرة عن كل التفاصيل الدقيقة المصاحبة لرحلتها.

فالجناح الواحد لهذه الطائرة يحتوي على عشرة آلاف جهاز استشعار، والطائرة بأكملها تحتوي على حوالي 25 ألف جهاز استشعار. وضعت هذه الحساسات من أجل الحفاظ على سلامة الطيران وسلامة الركاب، بالإضافة إلى الاستفادة من البيانات المُجهزة للتنبؤ بالأعطال المحتملة قبل حدوثها بفترة طويلة. إن كل هذه الكمية الكبيرة من البيانات تتوافر خلال نصف ساعة فقط.

ولا بد لنا ونحن نتحدث عن مصادر البيانات الضخمة، أن نذكر واحدًا من أهم المصادر وهو مصادم الهدرونات الكبير (Large Hadron Collider). هذا المصادم تم بناؤه من قبل المنظمة الأوربية للأبحاث النووية (CERN) بين الحدود السويسرية والفرنسية. وقد تم تشييده تحت الأرض بعمق 175 مترًا، وهو نفق على شكل دائرة وبطول 27 كيلومترًا، يحتوي هذا المصادم على خمسة كواشف اصطدام تعمل ككاميرات رقمية، وتحتوي هذه الكاميرات على 150 مليون جهاز استشعار، يمكن لها أن تلتقط 40 مليون صورة في الثانية الواحدة. وتزودنا هذه المستشعرات بأكثر من 25 بيتابايت من البيانات في السنة الواحدة (بيتابايت يساوي مليون مليار بايت). لقد أصبحت البيانات الضخمة اليوم هي رأس المال، وقد تم تسميتها في الآونة الخيرة بالنفط الجديد (new oil) وذلك لأهميتها العظيمة للشركات التجارية والمؤسسات العلمية علاوة على الدول المتقدمة.

وقد أصبح تخزين البيانات في الوقت الحاضر أرخص مما كان عليه قبل بضع سنوات، وهذا يجعل تخزين البيانات أكثر سهولة وأقل تكلفة. ولكن السؤال هو: لماذا نحتاج إلى الكثير من البيانات؟

فائدة البيانات

لا تدور أهمية البيانات الضخمة حول مقدار البيانات التي لديك، ولكن السؤال المهم هو ماذا نفعل بها. يمكنك أخذ البيانات من أي مصدر وتحليلها للحصول على إجابات تتيح لك -على سبيل المثال- تخفيض الكلفة أو تقليل الوقت الازم لعمل شيء ما أو تطوير منتجات جديدة وعروض أفضل أو اتخاذ قرارات حاسمة وسريعة. عندما تدمج البيانات الضخمة مع التحليلات عالية الأداء، يمكنك إنجاز الكثير من المهام مثل تحديد أسباب المشاكل والعيوب والفشل في الوقت المناسب أو الكشف عن السلوك الاحتيالي قبل أن يؤثر على المؤسسة أو الشركة.

تستخدم الشركات البيانات الضخمة المتراكمة في أنظمتها لتحسين العمليات، وتقديم خدمة أفضل للعملاء، وإنشاء حملات تسويقية مخصصة بناءً على تفضيلات العملاء المحددة، ومن ثم تمكين الشركات من تحديث وتحسين استراتيجياتها التسويقية لتصبح أكثر استجابة لرغبات واحتياجات العملاء. وفي النهاية زيادة كمية الربح. لهذا تمتلك

الشركات التي تستخدم البيانات الضخمة ميزة تنافسية إضافية على تلك التي لا تفعل ذلك، نظرًا لأنها قادرة على اتخاذ قرارات تجارية أسرع وأكثر استنارة، شريطة أن تستخدم البيانات بشكل فعال.

تُتيح البيانات الضخمة للشركات والمؤسسات إمكانية الحصول على إجابات كاملة لأنها تمتلك المزيد من المعلومات. الإجابات الأكثر مثالية تعني ثقة أكبر في البيانات، مما يعني نهجًا مختلفًا تمامًا، وطرقًا جديدة في معالجة المشكلات. لهذا ستزدهر المؤسسات القادرة على الاستفادة من الكميات المتزايدة من البيانات في الثورة الصناعية الرابعة.

ويتم استخدام البيانات الضخمة من قبل الباحثين العاملين في مجال الطب لتحديد عوامل خطر المرض، وتُستخدم أيضًا من قبل الأطباء للمساعدة في تشخيص الأمراض والحالات لدى المرضى. بالإضافة إلى ذلك، توفر البيانات المستمدة من السجلات الصحية الإلكترونية، ووسائل التواصل الاجتماعي وشبكة الإنترنت ومصادر أخرى لمنظمات الرعاية الصحية والوكالات الحكومية أحدث المعلومات عن تهديدات الأمراض المعدية أو المتفشية.

أما في صناعة الطاقة، فتساعد البيانات الضخمة شركات النفط والغاز على تحديد مواقع الحفر المحتملة ومراقبة عمليات خطوط الأنابيب. وتستخدم شركات الخدمات المالية أنظمة البيانات الضخمة لإدارة وحل المشكلات، وتحليل بيانات السوق في الوقت الحقيقي. ويعتمد المصنعون وشركات النقل كذلك على البيانات الضخمة لإدارة عمليات التوريد الخاصة بهم، وتحسين طرق التسليم. وتشمل الاستخدامات الحكومية الأخرى الاستجابة لحالات الطوارئ ومنع وقوع الجريمة.

يضيف بعض علماء البيانات صفة مهمة إلى قائمة خصائص البيانات الضخمة، حيث يقوم العلماء بتحذير الشركات والمؤسسات منها، وهي أنه ليس لجميع البيانات التي تم جمعها قيمة تجارية حقيقية، ويمكن أن يؤدي استخدام البيانات غير الدقيقة إلى إضعاف الأفكار التي توفرها تطبيقات التحليلات. من الأهمية أن تستخدم المؤسسات عمليات مثل تنظيف البيانات (data cleaning) والتأكد من أن البيانات تتعلق بقضايا الأعمال ذات الصلة قبل استخدامها في مشروع تحليل البيانات الضخمة.

كيف تعمل البيانات

تعمل التكنولوجيا على توليد البيانات كلما استخدمت هاتفك الذكي، وعندما تدردش مع عائلتك أو أصدقائك على وسائل التواصل الاجتماعي، وعندما تتسوق. وفي حال استخدامك شبكة الإنترنت، فأنت تنتج بيانات وتترك أثرًا رقميًا للمعلومات. كل هذه البيانات مهمة ومعقدة للغاية، وهناك الكثير منها من مصادر مختلفة، يتم معالجتها بسرعة، وبعضها لحظيّ أو ما يسمى بالوقت الحقيقي. وهي التي تُعرف بالبيانات الضخمة.

تعمل البيانات الضخمة على مبدأ أنه كلما عرفت أكثر عن أي شيء أو أي موقف، زادت موثوقية حصولك على رؤى جديدة، ووضع توقعات حول ما سيحدث في المستقبل. فمن خلال مقارنة المزيد من نقاط البيانات تبدأ العلاقات في الظهور التي كانت مخفية سابقًا، وتمكننا هذه العلاقات من التعلم واتخاذ قرارات أكثر ذكاءً. حيث يتم ذلك من خلال عملية تتضمن بناء نماذج، بناءً على البيانات التي يمكننا جمعها، ثم تشغيل المحاكاة، وتعديل قيمة نقاط البيانات في كل مرة، ومراقبة كيفية تأثيرها على نتائجنا. هذه العملية مؤتمتة، أي أنها تعمل ذاتيًا. وستعمل تقنية التحليلات المتقدمة اليوم، على تشغيل الملايين من هذه المحاكاة، وتعديل جميع المتغيرات المحتملة حتى تجد نمطًا أو قالبًا أو نموذجًا يساعد في حل المشكلة التي تعمل عليها.

حتى وقت قريب نسبيًا، كانت البيانات تقتصر على جداول البيانات أو قواعد البيانات، وكانت كلها مرتبة وأنيقة للغاية. فأي شيء لم يكن مُنظمًا في صفوف وأعمدة كان من الصعب جدًا التعامل معه ويتم تجاهله. أما الآن، ومن خلال التقدم في التخزين والتحليل، يمكننا الحصول على العديد من أنواع البيانات المختلفة وتخزينها ومعالجتها. ونتيجة لذلك، يمكن أن تعني البيانات الآن أي شيء، من قواعد البيانات إلى الصور ومقاطع الفيديو والتسجيلات الصوتية والنص المكتوب وبيانات أجهزة الاستشعار.

فالشركات لا تقوم بمجرد جمع كل هذه البيانات التي نقوم بإنشائها. بل في الحقيقة أنهم يحللونها، ويجدون طرقًا لتحسين منتجاتهم وخدماتهم، والتي بدورها تُشكل حياتنا والتجارب التي نواجهها في العالم من حولنا. هذه البيانات الضخمة، هي جميع البيانات التي يتم إنشاؤها في العصر الرقمي من جميع أنواع التقنيات المختلفة الموجودة.

لفهم كل هذه البيانات الفوضوية، غالبًا ما تستخدم مشاريع البيانات الضخمة تحليلات حديثة تتضمن الذكاء الاصطناعي وتعلم الآلة. عن طريق تعليم أجهزة الكمبيوتر تحديد ما تمثله هذه البيانات، من خلال التعرف على الصور أو معالجة اللغة الطبيعية، ويمكن لهذه الأجهزة تعلم اكتشاف الأنماط والعلاقات والدوال بشكل أسرع وأكثر موثوقية من البشر.

هناك ثلاثة أنواع من البيانات: البيانات المنظمة وشبه المنظمة وغير المنظمة. يوجد في كل نوع الكثير من المعلومات المفيدة التي يمكن استخراجها لاستخدامها في مشاريع مختلفة. فالشركات تستخدم كل هذه البيانات لإنشاء تجارب مُطورة ومحسنة لنا جميعًا.

هناك مليارات التيرابايت من البيانات التي يتم إنشاؤها كل يوم بواسطة الأشخاص والتقنيات في جميع أنحاء العالم. الحقيقة نحن نعيش في عالم البيانات الضخمة.

البيانات تُغير عالمنا والطريقة التي نعيش بها بمعدل غير مسبوق. إن كانت البيانات الضخمة قادرة على كل هذا اليوم، فتخيل ما ستكون قدرتها في المستقبل. فسيزداد حجم البيانات المتاحة لنا، وستصبح تقنية التحليلات أكثر تقدمًا.

وستصبح القدرة على الاستفادة من البيانات الضخمة حاسمة بشكل متزايد في السنوات القادمة. الشركات التي ترى البيانات كأصل استراتيجي ستبقى وتزدهر وتتطور. أما من يتجاهلون هذه الثورة فيخاطرون بمستقبل شركاتهم.

الفصل الثالث
الدماغ والكمبيوتر

الدماغ

الدماغ هو أحد أكبر الأعضاء وأكثرها تعقيدًا في جسم الإنسان. يتكون من أكثر من مئة مليار خلية عصبية (neurons) تتواصل وتتشابك مع تريليونات من الاتصالات الأخرى التي تدعى المشابك العصبية (synapses). ويمكن للدماغ أن يُخزّن في ذاكرته حوالي واحد بيتابايت، أي حوالي مليون مليار حرف. وبمقارنته بذاكرة الكمبيوتر الشخصي، فالأخير يمكن أن تصل ذاكرته إلى اثنين تيرابايت في الوقت الحالي التي تُقدر بألفين مليار حرف. ويستخدم الدماغ حوالي عشرين بالمئة من طاقة الجسم الكلية.

هذا العضو هو مقر الذكاء، ومفسر الحواس، والذي يبادر بحركة الجسد والتحكم في السلوك. يرقد الدماغ في قوقعته العظمى، وهو مصدر كل الصفات التي تحدد إنسانيتنا. الدماغ هو جوهرة التاج لجسم الإنسان. فالدماغ مثل لجنة من الخبراء، حيث تعمل جميع أجزاء الدماغ معًا، ولكن لكل جزء خصائصه الخاصة.

فالدماغ يحتوي على كل أفكارنا وعملنا وذاكرتنا وشعورنا وتجربتنا في العالم. هذه الكتلة من الأنسجة التي تزن حوالي 1.5 كيلوغرام، وذات مساحة قد تصل تقريبًا إلى 1300 سنتيمتر مربع، مُعقدة الاتصالات بين خلاياها العصبية. حيث يمكن لكل خلية عصبية أن تتواصل مع آلاف أو حتى عشرات الآلاف من الخلايا الأخرى، من خلال هياكل صغيرة تسمى المشابك العصبية. يتغير نمط وأسلوب وقوة الاتصالات باستمرار ولا يوجد دماغان متشابهان. وفي هذه الروابط والاتصالات المتغيرة يتم تخزين الذكريات، وتعلم العادات وتشكيل الشخصيات، من خلال تعزيز أنماط وأساليب معينة لنشاط الدماغ، وفقدان وخسارة أنماط أخرى.

يمتلك الدماغ البشري قدرة مذهلة على جمع المدخلات الحسية باستخدام جميع الحواس في نفس الوقت. ويمكننا أن نرى ونسمع ونلمس ونتذوق ونشم في نفس الوقت ونعالج المدخلات في الوقت الحقيقي. والدماغ لديه القدرة على معالجة البيانات وتحويلها إلى معلومات ومعرفة. وهناك مستوى من التعقيد والذكاء داخل دماغ الإنسان لتوليد استجابات مختلفة لهذه المدخلات بناءً على السياق الظرفي.

يتم تخزين المعلومات التي تم جمعها من الأعضاء الحسية بوعي ودون وعي. فالدماغ فعال للغاية في تصفية المعلومات غير المهمة. وعلى الرغم من عدم وجود قيمة مؤكدة لسعة التخزين في الدماغ البشري، يعتقد أن سعة التخزين يمكن تشبيهها بذاكرة مقدارها واحد بيتابايت في أجهزة الكمبيوتر. كما أن آلية استرجاع المعلومات في الدماغ معقدة للغاية وتتسم بالكفاءة. ويمكن للدماغ استرداد المعلومات ذات الصلة على أساس السياق. ومن المفهوم أن الدماغ يُخزّن المعلومات على شكل قوائم مرتبطة، حيث ترتبط الأشياء ببعضها البعض من خلال علاقة، وهو أحد أسباب توفر البيانات كمعلومات ومعرفة، ليتم استخدامها عند الحاجة.

على الرغم من أننا اكتشفنا أجزاء كثيرة من الدماغ، فلا تزال هناك ألغاز صعبة وحاسمة. واحدة من أهمها، كيف ينتج الدماغ تجاربنا الواعية؟ الغالبية العظمى من نشاط الدماغ هو العقل الباطن. لكن أفكارنا وأحاسيسنا وعواطفنا وتصوراتنا الواعية -التي تحددنا كبشر- لا يمكن حتى الآن تفسيرها من حيث نشاط الدماغ.

يمكن للدماغ البشري قراءة المدخلات الحسية، واستخدام المعلومات المُخزّنة سابقًا، واتخاذ القرارات في غضون جزء من الثانية. وأصبح بإمكاننا تقدير سرعة العمليات الأولية في الدماغ عن طريق العمليات التي تنقل من خلالها الخلايا العصبية المعلومات وتتواصل مع بعضها البعض.

فعلى سبيل المثال، تطلق الخلايا العصبية الإشارات الكهربائية التي تبدأ من جسم الخلية العصبية وتنتقل إلى داخل ملحقاتها الطويلة التي تسمى المحاور العصبية (Axons) والتي ترتبط بمداخل الخلايا العصبية الأخرى. وتُسمى هذه العملية بـ (spike).

تنقل الخلايا العصبية المعلومات في الغالب إلى الخلايا العصبية الأخرى المرتبطة معها عن طريق إطلاق الناقلات العصبية الكيميائية عند أطراف المحور العصبي وتسمى

المشابك العصبية (synapses). تحول الخلايا العصبية هذه الإشارات مرة أخرى إلى إشارات كهربائية في عملية تسمى انتقالًا متشابكًا. يستغرق أسرع انتقال متشابك حوالي واحد مللي ثانية. ومن ثم، يمكن للدماغ أن يؤدي ما يقرب من ألف عملية أساسية في الثانية، أي أبطأ بملايين المرات من الكمبيوتر الشخصي الذي يُستخدم من قبل الناس العاديين.

وبالرغم من هذا، فإن الحسابات التي يقوم بها الدماغ، ليست بطيئة أو غير دقيقة. فعلى سبيل المثال، يمكن للاعب التنس المحترف أن يتبع مسار كرة التنس بعد أن يتم إطلاقها بسرعة تصل إلى 250 كيلومتر في الساعة، والانتقال إلى المكان الأمثل في الملعب، ووضع ذراعه بوضعية ملائمة، وتحريك المضرب لإعادة الكرة إلى ملعب الخصم، كل ذلك في غضون بضع مئات من المللي ثانية. علاوة على ذلك، يمكن للدماغ أن ينجز كل هذه المهام بمساعدة الجسم الذي يسيطر عليه باستهلاك طاقة أقل بعشرة أضعاف تقريبًا من الكمبيوتر الشخصي.

فدماغ الإنسان يتطلب طاقة أقل بكثير لاستشعار المعلومات، والبيانات، وتخزينها، ومعالجتها، واستخدامها. وإن متطلبات الطاقة في وحدات السعرات الحرارية أو الواط قليلة نسبيًا، مقارنة بمتطلبات الطاقة المكافئة للآلات الإلكترونية. ومع تزايد كمية البيانات، بالإضافة إلى المتطلبات المتزايدة لقوة المعالجة للآلات الاصطناعية، نحتاج إلى التفكير في نمذجة استخدام الطاقة في الدماغ البشري. ويحتاج النموذج الحسابي إلى تغيير جذري نحو الحوسبة الكمومية (quantum computing) وفي النهاية إلى الحوسبة الحيوية (bio-computing).

يستخدم الدماغ أيضًا -في بعض الأحيان- خطوات تسلسلية (متتالية) لمعالجة المعلومات كما هو الحال في الكمبيوتر. ففي مثال لاعب التنس الذي ذُكر أعلاه، تتدفق المعلومات من العين إلى الدماغ ثم إلى الحبل الشوكي للتحكم في تقلص العضلات في الساقين والجذع والذراعين والمعصم. فهذه التعليمات كلها تسلسلية ولا يتم تنفيذها بالتوازي.

لكن الدماغ يستخدم أيضًا معالجة متوازية بشكل كبير، مستفيدًا من العدد الكبير من الخلايا العصبية والعدد الضخم من الاتصالات بين خلية وأخرى. فعلى سبيل المثال، تُنشّط كرة التنس المتحركة العديد من الخلايا في شبكية العين تسمى المستقبلات الضوئية، التي تتمثل مهمتها في تحويل الضوء إلى إشارات كهربائية. ثم تنتقل هذه الإشارات إلى العديد من أنواع الخلايا العصبية المختلفة في الشبكية بالتوازي. وبحلول الوقت الذي تمر فيه

الإشارات التي تنشأ في خلايا المستقبلات الضوئية من خلال اثنين إلى ثلاثة اتصالات متشابكة في الشبكية، يتم استخراج المعلومات المتعلقة بموقع الكرة واتجاهها وسرعتها من خلال الدوائر العصبية المتوازية ويتم نقلها بالتوازي إلى الدماغ.

وبالمثل، فإن القشرة الحركية (جزء من القشرة الدماغية المسؤولة عن التحكم الحركي) ترسل أوامر بالتوازي (في نفس الوقت) للتحكم في تقلص العضلات في الساقين والجذع والذراعين والمعصم، بحيث يكون الجسم والذراعين في وقت واحد في وضع جيد لاستقبال الكرة القادمة.

ومع ذلك، تستخدم الخلايا العصبية أيضًا الإشارات التناظرية (analog signals) التي تستخدم القيم المستمرة لتمثيل المعلومات كما في بعض الخلايا العصبية (معظم الخلايا العصبية في شبكية العين) وتكون قيمتها على شكل إشارات كهربائية متدرجة، ويمكن أن تختلف باستمرار في الحجم، والتي يمكنها نقل معلومات أكثر من إشارات spikes.

كما تستخدم أطراف الخلايا العصبية التي تُعرف باسم التشعبات (dendrites) لاستقبال الإشارات التناظرية لدمج عدد كبير من المدخلات التي قد تصل إلى آلاف الإشارات، مما يسمح للتشعبات بإجراء حسابات معقدة.

يمكن لجهاز الكمبيوتر معالجة المعلومات باستخدام قوة الحوسبة الهائلة. ويمكن لنظام الحوسبة القيام بعمليات المسح والفرز والحساب وتشغيل أنواع مختلفة من العمليات الحسابية على كميات كبيرة جدًا من البيانات في غضون ملي ثانية. ولا يمكن لدماغ الإنسان أن يضاهي قوة الحوسبة الكبيرة لأجهزة الكمبيوتر. ومن السهل جدًا الربط بين أجهزة الكمبيوتر والتعاون معها من أجل زيادة سعة التخزين والمعالجة الجماعية. وكذلك يمكن أن يتعاون التخزين الجماعي في الوقت الفعلي لتحقيق النتائج المرجوة. وفي حين أن أدمغة الإنسان يمكن أن تتعاون، فإنها لا تستطيع مطابقة الدماغ الإلكتروني (جهاز الكمبيوتر) في هذا الجانب.

الدماغ والكمبيوتر

البشر العاديون لديهم نفس الآليات الفكرية فيما بينهم، والاختلافات في الذكاء مرتبطة بالظروف البيوكيميائية (biochemical) والفسيولوجية (physiological). في حين

أن برامج الكمبيوتر لديها الكثير من السرعة والذاكرة ولكن قدراتها تتوافق مع الآليات الفكرية التي يفهمها مصممو البرامج جيدًا بما يكفي لوضع شفرات برمجية مناسبة لها. عندما يقوم الأشخاص بعمل أفضل من أجهزة الكمبيوتر في بعض المهام، فإن هذا يوضح أن مصممي برامج الكمبيوتر يفتقرون إلى فهم الآليات الفكرية المطلوبة للقيام بهذه المهمة بكفاءة.

يحتوي كل من الدماغ والكمبيوتر على عدد كبير من الوحدات الأولية -الخلايا العصبية والترانزستورات، على التوالي- والتي يتم توصيلها في دوائر معقدة لمعالجة المعلومات المنقولة بواسطة الإشارات الكهربائية. بصورة عامة، تشبه بنية الدماغ والكمبيوتر بعضها البعض، وتتكون من دوائر منفصلة إلى حد كبير للمدخلات والمخرجات والمعالجة المركزية والذاكرة.

هناك اختلاف مهم بين الكمبيوتر والدماغ، وهو طريقة معالجة المعلومات داخل كل نظام. يتم تنفيذ مهام الكمبيوتر إلى حد كبير في خطوات متسلسلة. ويمكن رؤية ذلك من خلال الطريقة التي يبرمج بها المهندسون أجهزة الكمبيوتر، وذلك عن طريق كتابة مجموعة من الشفرات البرمجية والتعليمات المتسلسلة. وتكون الدقة العالية ضرورية في كل خطوة من هذه السلسلة المتتالية من التعليمات.

إن الاستراتيجية المتوازية التي يتمتع بها الدماغ (معالجة كمية بيانات كبيرة في نفس الوقت) ستكون ممكنة لأن كل خلية عصبية تجمع البيانات المدخلة إليها (المدخلات) من العديد من الخلايا العصبية الأخرى وترسل النتائج (المخرجات) بعد عملية المعالجة التي تحدث في جسم الخلية. وهذه الخاصية الأخيرة مفيدة بشكل خاص لتعزيز دقة وسرعة معالجة المعلومات في الدماغ. على النقيض من ذلك، يحتوي كل ترانزستور في الكمبيوتر على ثلاثة أطراف فقط للإدخال والإخراج معًا.

لدى الكمبيوتر والدماغ أيضًا أوجه تشابه في وضع الإشارة لوحداتهما الأولية. فالترانزستور يستخدم الإشارات الرقمية (digital signals) التي تستخدم قيمًا منفصلة (الصفر أو الواحد) لتمثيل البيانات والمعلومات. الإشارة في المحاور العصبية (Axons) هي أيضًا نوع من الإشارات الرقمية، لأن الخلية العصبية في الدماغ إما أن ترسل إشارة أو لا ترسل، وعندما تطلق هذه الإشارات (spikes) تكون جميعها بنفس الحجم والشكل تقريبًا. هذه

الخاصية هي إحدى خواص الإشارات الرقمية، وتساهم هذه الميزة في الانتشار الموثوق للبيانات والمعلومات لمسافات طويلة.

على مدى العقود الماضية، استلهم المهندسون الكثير من الدماغ البشري لتحسين تصميم الكمبيوتر. فتم دمج مبادئ المعالجة المتوازية والتعديل المعتمد على استخدام قوة الحوسبة في أجهزة الكمبيوتر الحديثة. وعلى سبيل المثال، فإن تنفيذ التعليمات البرمجية بصورة متوازية (أي بنفس الوقت) لزيادة سرعة عملية المعالجة، وذلك باستخدام تكنولوجيا المعالجات المتعددة في كمبيوتر واحد والتي يطلق عليها المعالج المركزي المتعددة النوى (multi core processor) وهو اتجاه حالي في تصميم الكمبيوترات الحديثة.

يتمتع جهاز الكمبيوتر بمزايا هائلة بالنسبة للدماغ في سرعة العمليات الأساسية. ويمكن لأجهزة الكمبيوتر الشخصية في الوقت الحاضر إجراء عمليات حسابية أولية، مثل الجمع والطرح والضرب والقسمة، بسرعة تصل إلى 80 مليارات عملية في الثانية.

كمثال آخر، فإن «التعلم العميق» في مجال تعلم الآلة والذكاء الاصطناعي، الذي حقق نجاحًا كبيرًا في السنوات الأخيرة، والذي يفسر التقدم السريع في التعرف على الأشياء والكلام في أجهزة الكمبيوتر والأجهزة المحمولة، كتكنولوجيا المعروفة بـالتعرف على الوجه (face recognition) وكذلك التقنية الرائعة التي تُعتبر أحد فروع ومجالات تكنولوجيا الذكاء الاصطناعي والمعروفة بـمعالجة اللغات الطبيعية (natural languages processing) مستوحى من نتائج نظام الرؤية للإنسان، والتي باتت تُعرف بتقنية رؤية الكمبيوتر (computer vision).

كما هو الحال في النظام البصري للثدييات، يستخدم التعلم العميق طبقات متعددة بشكل كبير لتمثيل البيانات (المدخلات) ومنها على سبيل المثال، الكائن المرئي أو الكلام، ويتم تعديل الدوال الرياضية والمعادلات المنطقية التي تربط الطبقات المختلفة من خلال التعلم بدلًا من التصميم الذي يحدده المهندسون.

	العقل البشري	معالج الكمبيوتر Intel Xeon W-3175X
المساحة	1500-2000 سم^2	80 مم^2
عدد الوحدات	100 مليار خلية عصبية 100 تريليون نقطة اشتباك عصبي	8 مليارات ترانزستور (80 مم^2) 20 تريليون (2000 سم^2)
وحدة الطول	الخلايا العصبية: 100 ميكرومتر	الترانزستور: 100 نانومتر
عدد العمليات	1000 في الثانية	3.1 جيجاهرتز / 28 نواة
استهلاك الطاقة	20 واط	250 واط
أسلوب المعالجة	متسلسلة ومتوازية	متسلسلة
نوع البيانات	رقمية وتناظرية	رقمية

«مقارنة بين الدماغ ووحدة المعالج المركزي»

الجدول أعلاه يمثل مقارنة بسيطة بين الدماغ البشري ووحدة المعالج المركزي (cpu) في الكمبيوتر الشخصي، أما نوع المعالج المركزي المُستخدم في المقارنة من نوع Xeon W-3175X فهو من إنتاج شركة Intel الشركة الرائدة في صناعة معالجات الكمبيوتر (processors).

تاريخ الكمبيوتر

يتساءل بعض الناس عن عدد التعليمات التي يجب أن يمتلكها أحد المعالجات حتى يكون قويًا مثل المعالج الآخر. الحقيقة أن تعليمات الحساب والمنطق والوصول إلى الذاكرة بالإضافة إلى تعليمات تغيير مسار البرنامج بشكل مشروط هي تعليمات أكثر من كافية لعمل أي معالج مركزي.

مفهوم قوة الكمبيوتر أو قوة الحوسبة (computational power) هو مصطلح غامض إلى حد ما، يستخدمه البعض ليشير إلى سرعة المعالج، وأحيانًا يعني ما يمكن للمعالج حسابه وعادة يعني مزيجًا من كليهما.

كانت قوة الحوسبة نعمة للاستكشاف العلمي، حيث توفر القدرة على تحليل المزيد من البيانات، والاستفادة من المزيد من الخوارزميات الإحصائية، واستكشاف النماذج النظرية، وذلك مع القوة الحسابية المتزايدة لأجهزة الكمبيوتر. فمتى وكيف تطورت قوة الحوسبة لأجهزة الكمبيوتر؟

في عام 1971 قامت شركة Intel وهي إحدى شركات صناعة معالجات الكمبيوتر الرائدة في هذا المجال، بصناعة أول وحدة معالجة مركزية microprocessor Intel 4004. وهو المعالج الذي كان يتألف من 2300 ترانزستور فقط، وينفذ 60 ألف عملية في الثانية الواحدة. يُعتبر هذا المعالج في يومنا هذا فقيرًا في إمكانياته، وبطيئًا في تنفيذه للعمليات.

بدأت صناعة هذه المعالجات تتقدم وتتطور بسرعة مع الزمن، وتتسابق الشركات في صناعة الجديد كل سنة، فقامت شركة Intel في عام 1993 بإطلاق معالجها الجديد pentium والذي احتوى على أكثر من ثلاثة ملايين ترانزستور وكانت سرعته في تنفيذ العمليات بمقدار 60 MHz أي 60 مليون عملية في الثانية، والتي تُعتبر قفزة كبيرة إذا ما قورن بالمعالج الأول الذي تم صناعته في عام 1971.

أما في عام 2006 قامت نفس الشركة بإطلاق معالجها بنسخته الجديدة Intel pentium 4 والذي يمتلك أكثر من 40 مليون ترانزستور وبسرعة تنفيذ التعليمات 1.3 GHz. وبعد أربع سنوات فقط تمكنت الشركة من تصنيع معالج أصغر حجمًا ويحتوي على عدد أكبر من الترانزستورات والتي تقدر بـ 1.3 مليار ترانزستور، وقد أطلق عليه اسم Intel Core i7. وقبل عام وتحديدًا في سنة 2019 تم تصنيع المعالج Xeon W-3175X بواسطة شركة Intel والذي يحتوي على ثمانية مليارات ترانزستور وبسرعة تنفيذ التعليمات تصل إلى 3.8 GHz ويحتوي بداخله على 28 معالجًا (28 cores).

تكنولوجيا الإلكترونات النانوية، هي استخدام تكنولوجيا النانو في المكونات الإلكترونية بسبب الحاجة المتزايدة باستمرار لتقليص حجم الأجهزة في محاولة لإنتاج أدوات أصغر وأسرع وأذكى مثل أجهزة الكمبيوتر وأجهزة التخزين (الذاكرة) والشاشات وغيرها.

فقد أدخل باحثو تكنولوجيا النانو في صناعة المعالجات الدقيقة تحسينات في الطباعة الحجرية النانوية (طريقة طباعة الترانزستورات في الشريحة الإلكترونية) وتغييرات في بنية

المقياس للترانزستورات في المعالجات الدقيقة. لهذا تمكنوا من طباعة حوالي 100 مليون ترانزستور في مساحة مقدارها واحد مليمتر مربع فقط. وهذا يعني أنه يمكن وضع حوالي 800 ألف ترانزستور في المساحة المقطعية لشعرة إنسان، حيث إن معدل قطر الشعرة الواحدة يساوي 100 مايكرومتر.

وبعيدًا عن وحدة المعالجة المركزية وسرعتها، فإن هناك عاملًا مهمًا آخر يؤثر على إمكانيات جهاز الكمبيوتر وتنفيذه للعمليات وتحليله للبيانات. وهو وحدة التخزين أو الذاكرة (memory). ففي السنوات الأولى في مجال صناعة أجهزة الكمبيوتر كانت الذاكرة قليلة جدًا لا تقارن بإمكانياتها اليوم. فأول ذاكرة تم تداولها في الأسواق كانت في عام 1970 والتي أنتجتها شركة Intel من نوع RAM وبسعة تخزين قليلة جدًا تقدر بـ 1024 bit فقط، والتي تساوي 128 Byte.

إن ذاكرة الوصول العشوائي RAM لها تأثير كبير على سرعة تنفيذ العمليات ومن ثم على قوة الحوسبة (computational power). بصورة عامة، كلما زادت هذه الذاكرة في جهاز الكمبيوتر كلما زادت سرعة تشغيل البرامج. لان وحدة المعالجة المركزية يمكنها قراءة البيانات من ذاكرة الوصول العشوائي أسرع بكثير من محرك الأقراص الثابتة (Hard Disk). ولذاكرة الوصول العشوائي خاصيتان مهمتان تؤثران على سرعة أداء جهاز الكمبيوتر، وهي سعة التخزين وسرعة التخزين.

فيوجد فارق هائل بين وحدات التخزين في الماضي وما وصلت إليه تكنولوجيا اليوم من حيث سعة التخزين والحجم المادي للوحدة نفسها. فالقرص الصلب (Hard Disk) لجهاز كمبيوتر في عام 1979 كانت سعته التخزينية 250 MB أي 250 مليون بايت فقط، وبقطر كبير جدًا مقارنةً باليوم، حيث يقدر بحوالي واحد متر، ووزن هذا القرص الصلب أكثر من 250 كيلوغرام!

إن التقدم التكنولوجي في صناعة وحدات التخزين ساعد المهندسين والباحثين كثيرًا في التعامل مع البيانات الضخمة. فقد ازدادت سعة التخزين من ناحية، وصغر حجم وحدة التخزين ومساحتها من ناحية أخرى. وهذا ما ساعد في التقدم السريع في مجال الذكاء الاصطناعي.

في عام 2019 قامت شركة SanDisk بتصنيع بطاقة ذاكرة ذات سعة تخزين ضخمة جدًا نسبة لحجمها المادي ووزنها القليل. فهي من نوع Micro SD card وذات أبعاد تقدر بـ 11 x 15 mm ولا يزيد وزنها عن نصف غرام فقط، وتملك سعة بيانات هائلة تقدر بـ 1 TB أي تريليون بايت! ولو تمت مقارنة سعة التخزين ومساحة حجم وحدة الذاكرة اليوم بما كان عليه مقدارها في البدايات الأولى لتصنيع هذه الوحدات لتبين لنا الفرق الشاسع بين الاثنين.

إن تكنولوجيا الذكاء الاصطناعي التي تتعامل مع البيانات الضخمة تتطلب إمكانيات ومميزات جديدة لأجهزة الكمبيوتر التقليدية، فالبنية التقليدية للكمبيوتر تحتفظ بوحدات تخزين البيانات بشكل منفصل عن وحدة معالجة البيانات، لهذا يستغرق نقل البيانات ذهابًا وإيابًا بينهما وقتًا وطاقة ويخلق اختناقًا بالأداء.

الهدف الحقيقي في عملية تطوير أجهزة الكمبيوتر هو زيادة عدد الترانزستورات في مساحة ثابتة، من أجل زيادة سرعة تنفيذ العمليات وزيادة سعة الذاكرة، وفي نفس الوقت تقليل استهلاك الطاقة ودرجة الحرارة. وهذا سيؤدي إلى تطور كبير في أجهزة المستقبل. لهذا قال الكاتب الكندي مالكولم كلادويل: «إن وضع أربعة وستين ترانزستور على رقاقة سمح للناس أن يحلموا بالمستقبل. وإن وضع أربعة ملايين ترانزستور على رقاقة أعطاهم المستقبل بالفعل».

الفصل الرابع

فروع الذكاء الاصطناعي

تعلم الآلة

تعلم الآلة (Machine Learning) هو طريقة لتحليل البيانات، وفرع من الذكاء الاصطناعي يعتمد على فكرة أن الأنظمة يمكن أن تتعلم من البيانات، وتحدد الأنماط وتتخذ القرارات دون تدخل بشري. فالذكاء الاصطناعي هو العلم الواسع لمحاكاة القدرات البشرية، أما خوارزميات تعلم الآلة فهي مجموعة فرعية محددة من الذكاء الاصطناعي التي تُدرب الجهاز على كيفية التعلم.

فتعلم الآلة هي تقنية لتحليل البيانات، أي التعلم من التجربة، والتي تمكّن أجهزة الكمبيوتر من العثور على رؤى خفية دون أن تتم برمجتها بشكل صريح للقيام بذلك. تقوم خوارزميات تعلم الآلة بتحليل البيانات والتعلم منها لاتخاذ القرارات والتنبؤات.

وهذا يعني أن تقنية تعلم الآلة هي القدرة على إيجاد البيانات واتخاذ القرارات بدون تعليمات أو برمجة مسبقة، وتمكين أنظمة الكمبيوتر على التعلم بمفردها وبشكل مستقل. ومن ثم، فإن تعلم الآلة هو مجموعة فرعية من الذكاء الاصطناعي، وليس العكس.

تعلم الآلة هو ما يكمن وراء الذكاء الفعلي في تقنية الذكاء الاصطناعي، حيث يتم تدريب أجهزة الكمبيوتر على التعرف على الأنماط في مجموعات البيانات غير المنظمة باستخدام الخوارزميات، واتخاذ القرارات بأنفسها بناءً على هذه المعرفة. والهدف هو جعل الآلة تتعلم من البيانات، وبناءً على ذلك، تستخدم الآلة الخبرة التي اكتسبتها لتحسين قدرتها على أداء مهامها باستمرار.

يستخدم علماء البيانات العديد من الأنواع المختلفة من خوارزميات تعلم الآلة لاكتشاف الأنماط في البيانات الضخمة التي تؤدي إلى رؤى قابلة للتنفيذ. ويمكن تصنيف خوارزميات

تعلم الآلة هذه إلى مجموعتين بناءً على الطريقة التي يتعلمون بها عن طريق البيانات لعمل تنبؤات: التعلم الخاضع للإشراف والتعلم غير الخاضع للإشراف.

فالتعلم الخاضع للإشراف (Supervised Learning) هو ذلك التعلم الذي يستخدم البيانات المُصنّفة، التي تحتوي على مدخلات ومخرجات. أما النوع الآخر والذي يُسمى بالتعلم غير الخاضع للإشراف (Unsupervised Learning) فهو الذي يستخدم البيانات غير المُصنّفة، التي تحتوي على مدخلات فقط.

التعلم الخاضع للإشراف وكما يشير الاسم إلى وجود مُشرف كمعلم. فالتعلم تحت الإشراف هو التعلم الذي نقوم من خلاله بتعليم أو تدريب الجهاز باستخدام البيانات المصنفة جيدًا، مما يعني أن بعض البيانات تم وضع علامة عليها بالفعل بالإجابة الصحيحة (بيانات التدريب). أي أننا نزود الجهاز بالمدخلات والمخرجات في نفس الوقت. ومن ثم نحصل على نموذج يقوم بتحليل مدخلات جديدة (بيانات الاختبار) ويعرض لنا مخرجات صحيحة باستخدام خوارزميات التعلم الخاضع للإشراف.

تتعلم الخوارزمية الخاضعة للإشراف من بيانات التدريب المُصنفة، وتساعدنا على التنبؤ بنتائج البيانات غير المعروفة مسبقًا. ويستغرق بناء نموذج علوم البيانات الخاضع للإشراف وقتًا وخبرة فنية من قبل فريق من علماء البيانات ذوي المهارات العالية. علاوة على ذلك، يجب على عالم البيانات إعادة بناء النماذج للتأكد من أن الأفكار المقدمة تظل صحيحة حتى وإن تغيرت بياناتها.

الفكرة الأساسية للتعلم الخاضع للإشراف هي أن بياناتك تقدم أمثلة على مواقف وحالات معينة، ولكل مثال من هذه الأمثلة توجد نتيجة محددة. بعدها تستخدم الآلة بيانات التدريب لبناء النموذج الذي يمكنه التنبؤ بنتيجة البيانات الجديدة بناءً على الأمثلة السابقة.

ويُطلق على التعلم الخاضع للإشراف ذلك لأن عالم البيانات يعمل كدليل لتعليم الخوارزمية الاستنتاجات التي يجب أن تتوصل إليها. إنها مشابهة للطريقة التي يتعلم بها الطفل الحساب من معلم، حيث يتطلب التعلم الخاضع للإشراف أن تكون المخرجات (النتائج) المحتملة للخوارزمية معروفة بالفعل وأن تكون البيانات المستخدمة لتدريب الخوارزمية مُصنّفة بالفعل بالإجابات الصحيحة.

أما التعلم غير الخاضع للإشراف (Unsupervised Learning) هو أحد طرق تعلم الآلة، والتي لا تحتاج إلى الإشراف على النموذج. وبدلًا من ذلك، تحتاج إلى السماح للنموذج بالعمل من تلقاء نفسه لاكتشاف المعلومات (المخرجات). ويتعامل هذا النوع من تعلم الآلة بشكل رئيسي مع البيانات غير المُصنفة.

يتماشى تعلم الآلة غير الخاضع للإشراف بشكل وثيق مع ما يسميه البعض الذكاء الاصطناعي الحقيقي، وفكرة أن الكمبيوتر يمكن أن يتعلم تحديد العمليات والأنماط المعقدة دون أن يقدم الإنسان أي إرشادات أثناء عملية التعليم. على الرغم من أن التعلم غير الخاضع للإشراف معقد بشكل كبير، فإنه يفتح الأبواب لحل المشكلات التي لا يعالجها البشر عادةً.

تسمح لك خوارزميات التعلم غير الخاضعة للإشراف بأداء مهام معالجة أكثر تعقيدًا مقارنة بالتعلم تحت الإشراف. على الرغم من أن التعلم غير الخاضع للإشراف لا يمكن التنبؤ به مقارنة مع التعلم العميق وطرق التعلم المعزز.

لا شك في أن تعلم الآلة هو أحد أكثر التقنيات تأثيرًا وقوة في عالمنا اليوم، وهو وراء التقدم الذي غير العالم، مثل الكشف عن السرطان، وإنشاء عقاقير جديدة. والاهم من ذلك هو أننا لا يمكن لنا تخيل وتصور إمكانية هذه التقنية بشكل كامل إلى حد الآن، فهي ببساطة عملية تحويل البيانات إلى معرفة.

تقنية تعلم الآلة هي تطبيق للذكاء الاصطناعي، حيث توفر للأنظمة القدرة على التعلم والتحسين تلقائيًا من التجربة دون أن تتم برمجتها بصورة صريحة. يركز تعلم الآلة على تطوير برامج الكمبيوتر التي يمكنها الوصول إلى البيانات واستخدامها لتعلم نفسها بنفسها.

ففي عام 1959 وصف آرثر صامويل، عالم الكمبيوتر الذي كان رائدًا في دراسة الذكاء الاصطناعي، تعلم الآلة (machine learning) بأنها «الدراسة التي تمنح أجهزة الكمبيوتر القدرة على التعلم دون أن تكون مُبرمجة بشكل صريح أو بشكل تقليدي».

فجهاز الكمبيوتر أو الآلة تتعلم من التجارب السابقة كما هو الحال مع الإنسان، لكن التجارب بالنسبة لجهاز الكمبيوتر هي البيانات التي يتم إدخالها له أثناء مرحلة التعليم، وهي مجموعة من الأمثلة العديدة، ثم تقوم الآلة فيما بعد بالتنبؤ وتحديد التوقعات المستقبلية. وفي هذه الحالة يكون أداء جهاز الكمبيوتر على الأقل بمستوى أداء الإنسان.

يُتيح تعلم الآلة تحليل كميات هائلة من البيانات، ويوفر بشكل عام نتائج أسرع وأكثر دقة من أجل تحديد الفرص المربحة أو المخاطر الجسيمة. يمكن أن يؤدي الجمع بين تعلم الآلة والتقنيات المعرفية إلى جعل هذه التقنية أكثر فعالية في معالجة كميات كبيرة من البيانات.

إن الهدف الأساسي من تقنية تعلم الآلة هو السماح لأجهزة الكمبيوتر بالتعلم تلقائيًا دون تدخل بشري أو مساعدة وضبط الإجراءات المُتخذة وفقًا لذلك. إنها تقنية رائعة تحقق طفرات هائلة في التقدم، لهذا يقول بيل غيتس مؤسس شركة البرمجيات العملاقة مايكروسوفت: «إن التقدم السريع في مجال تعلم الآلة ستكون أهميته بمقدار عشر شركات مايكروسوفت».

فتقنية تعلم الآلة هي طريقة يتم من خلالها تحديد الهدف، والخطوات للوصول إلى ذلك الهدف من خلال الجهاز نفسه عن طريق التدريب أو ما يُسمى بالخبرة عند الإنسان. فعلى سبيل المثال، لتحديد كائن بسيط مثل تفاحة أو برتقالة، لا يتم تحقيق الهدف من خلال تحديد التفاصيل الخاصة بالكائن وترميزه وبرمجته بشكل صريح، ولكن يتم ذلك تمامًا كما نُعلّم الأطفال، من خلال عرض صور مختلفة لذلك الشيء (الكائن) ومن ثم السماح للآلة بتحديد الطريقة والخطوات لاتخاذ القرار فيما إذا كان هذا الشيء تفاحة أو برتقالة.

إن خوارزميات تعلم الآلة هو جعل أجهزة الكمبيوتر تبرمج نفسها بنفسها، إذا كانت البرمجة هي الأتمتة (عمل الآلة ذاتيًا)، فإن تعلم الآلة هي أتمتة عملية الأتمتة. يمكن القول إن أهم عملية في التكنولوجيا الرقمية هي كتابة البرمجة، وفي حالة عدم وجود مبرمجين على مستوى عال من الذكاء، فإن التطور سيصل إلى نقطة معينة ويقف. حل هذه المشكلة هي أن ندع البيانات تقوم بالعمل بدلًا من الأشخاص. تعلم الآلة هو السبيل لجعل البرمجة قابلة للتطوير والتغيير.

ففي البرمجة التقليدية يتم إدخال البيانات (input) إلى الكمبيوتر وتشغيل البرنامج (software) للحصول على النتائج والتي تسمى بعلم البرمجة (output). أما في التقنية الجديدة (تعلم الآلة) فيتم إدخال البيانات والنتائج في جهاز الكمبيوتر لإنشاء البرنامج (software) كما موضح في الشكل التالي. يقول المهندس الفرنسي والباحث في مجال الذكاء الاصطناعي فرانسوا شوليه: «لقد جمعت هندسة البرمجيات بين القواعد التي أنشأها الإنسان والبيانات من أجل إنشاء إجابات لمشكلة ما. بدلًا من ذلك، يستخدم تعلم الآلة

البيانات والإجابات لاكتشاف القواعد الكامنة وراء المشكلة». لهذا فإن السبب الذي يجعل تقنية تعلم الآلة مثيرة للغاية، هو أنها تبتعد عن كل أنظمتنا السابقة المستندة إلى القواعد التقليدية.

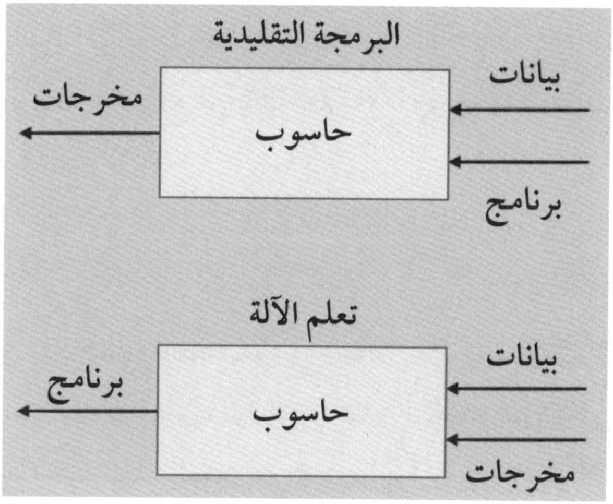

«مقارنة بين البرمجة التقليدية وتعلم الآلة»

خوارزميات تعلم الآلة مسؤولة عن الغالبية العظمى من تطورات الذكاء الاصطناعي والتطبيقات الكثيرة التي تسمع عنها في الحياة اليومية، ومنها مثلًا عملية البحث في الإنترنت بواسطة محرك البحث google، حيث تقوم الخوارزميات بترتيب نتائج البحث بناءً على أكثر احتمال يمكن أن تنقر عليه. وفي مجال الأعمال والأموال يمكن لهذه الخوارزميات أن تقييم مخاطر عروض الائتمان المقدمة لك على سبيل المثال، وكذلك تحدد لك أفضل مجال تستثمر فيه أموالك.

وتلعب هذه الخوارزميات دورًا مهمًا في مجال التجارة الإلكترونية، فهي تحدد وتبين ما إذا كانت عملية تحويل الأموال احتيالية أم لا. أما في مجال الروبوتات فأحد أهم الأمثلة اليوم هو السيارات ذاتية القيادة، التي تعمل بصورة مستقلة دون تدخل البشر، ومن ناحية الرؤية والتعرف على الأشياء التي تستخدم تقنية رؤية الكمبيوتر (Computer Vision) فإن أفضل مثال لتعلم الآلة في هذا الحقل هو التعرف على الوجوه (Face Recognition).

بالإضافة إلى ذلك فإن للمجال الطبي حصة في خوارزميات تعلم الآلة، حيث يقوم الكمبيوتر بتشخيص الأمراض بدقة عالية تتغلب في أكثر الأحيان على أفضل أطباء العالم

في الكثير من الاختصاصات. وهناك مجالات كثيرة أخرى تدخل فيها هذه التقنية الرائعة التي سهلت لنا العمل والحياة على حد سواء.

تشمل الاتجاهات التي تساهم في هذا الازدهار العالمي زيادة قوة الحوسبة مع إمكانات المعالجة المتوازية الهائلة لوحدات معالجة الرسومات (Graphical Processing Unit) وزيادة البيانات الضخمة، والتقدم السريع في تقنية تعلم الآلة، ويرجع ذلك أساسًا إلى التقدم في تقنيات التعلم العميق.

التعلم العميق

التعلم العميق (deep learning) هو نوع خاص من تعلم الآلة الذي ينطوي على مستوى أعمق، حيث يكون فعالًا جدًا في المهام المعقدة مثل تكنولوجيا رؤية الآلة (computer vision). فتقنية التعلم العميق هي إحدى خوارزميات تعلم الآلة التي تُعلّم أجهزة الكمبيوتر بغرض القيام بأعمال وحل مشكلات بشكل يحاكي التعلم عند الإنسان، وهي طريقة التعلم عن طريق إعطاء الأمثلة. ويمكن لهذه التقنية أن تحقق دقة عالية تختلف عن الأنواع الأخرى من الذكاء الاصطناعي المُستخدمة سابقًا.

فالتعلم العميق هو مجموعة فرعية من تعلم الآلة، حيث يتم التعلم من البيانات غير المُهيكلة وغير المنظمة التي تتم معالجتها من خلال الشبكات العصبية والخوارزميات بطريقة تشبه عمل الدماغ.

تُعتبر البيانات الضخمة العامل الرئيسي والأساسي لخوارزميات التعلم العميق، لأن البيانات الضخمة ضرورية لعزل وتحديد الأنماط والعثور على إجابات ملائمة. فبالنسبة لخوارزميات التعلم العميق، كلما زادت جودة البيانات لدينا، كانت النتائج أفضل وأدق. فالتعلم العميق يجمع بين التقدم في قوة الحوسبة وأنواع خاصة من الشبكات العصبية وكميات كبيرة من البيانات. وفي الوقت الحاضر، تُعتبر تقنيات التعلم العميق هي أحدث تكنولوجيا في عملية التعرف على الأشياء من الصور، والتعرف على الكلمات من الأصوات.

تتطلب نماذج التعلم العميق الحالية مجموعات من البيانات ليست ضخمة فحسب، بل يتم تصنيفها أيضًا بحيث يعرف النظام ما تمثله كل معلومة صغيرة وبسيطة من هذه

البيانات الضخمة. والتي تعتمد بصورة مباشرة على العامل البشري. وهي مهمة شاقة تزيد من إبطاء عملية الابتكار، ويمكن أن تؤدي إلى تحيز الإنسان في صناعة الأنظمة، لأنه هو الذي يكون مشرفًا على تصنيف البيانات.

يستخدم التعلم العميق تقنية تمنح الآلات قدرة أكبر على العثور على أصغر النماذج وتضخيمها، تسمى هذه التقنية بالشبكة العصبية العميقة. وهي عميقة لأنها تحتوي على العديد من الطبقات من العقد الحسابية البسيطة التي تعمل معًا من أجل معالجة البيانات وتقديم نتيجة نهائية على شكل تنبؤ. وإن الصيغ الرياضية المُحسنة وزيادة قوة معالجة الكمبيوتر تتيح تطوير تطبيقات التعلم العميق الأكثر تعقيدًا من أي وقت مضى.

من المهم أن نعلم أن التعلم العميق هو خوارزمية جديدة من خوارزميات تعلم الآلة. كلاهما يؤدي وظيفة باستخدام بيانات معينة، وهو في تحسن تدريجي مع مرور الوقت. الفرق الرئيسي بين الاثنين هو كيفية تقديم البيانات للنموذج. تحتاج خوارزميات تعلم الآلة التقليدية إلى إرشادات وبيانات منظمة (بيانات تم فرزها وترتيبها مُسبقًا). في حين تستخدم خوارزمية التعلم العميق طبقات من الشبكات العصبية الاصطناعية (Artificial Neural Networks) لتحديد ما إذا كانت توقعاتها دقيقة أم لا. وهذا يجعل التعلم العميق قويًا للغاية، وذلك لقدرته على التعامل مع البيانات غير المنظمة مثل الصور والملفات الصوتية والبيانات النصية بشكل جيد للغاية.

يعتمد التعلم العميق على استخدام الشبكات العصبية العميقة. حيث يصل جهاز الكمبيوتر إلى البيانات عن طريق عدة مستويات للعقدة (الخلايا العصبية الاصطناعية) في وقت واحد من أجل تحديد الاتصالات، واستخلاص النتائج، واتخاذ التنبؤات والقرارات. تُمكن خوارزميات التعلم الذاتي الجهاز من حل حتى المشاكل المعقدة غير الخطية بمفرده، والتفاعل والتحليل والاستنتاج دون تعليمات صريحة.

الشبكات العصبية الاصطناعية

الخلية العصبية هي خلية خاصة ومميزة تشارك في المقام الأول في نقل المعلومات عن طريق الإشارات الكهربائية والكيميائية، وتوجد في الدماغ والحبل الشوكي والأعصاب الطرفية. الخلايا العصبية هي الوحدات الهيكلية والوظيفية للجهاز العصبي. والجهاز العصبي

عبارة عن شبكة معقدة من الخلايا العصبية التي تُشكل قلب هذا الجهاز، لأنها تتمتع بالقدرة على استقبال الإشارات ونقلها.

الخلية العصبية تتألف من ثلاثة أجزاء رئيسية وهي جسم الخلية (cell body) والذي يحتوي على النواة ويتم فيه معالجة الإشارات القادمة والداخلة إلى الخلية. والجزء الثاني هو التشعبات (dendrites) وهي تفرعات صغيرة جدًا عند طرف الخلايا العصبية من جهة الجسم، والتي تعمل كهوائيات صغيرة تلتقط الإشارات من الخلايا الأخرى. أما الجزء الثالث والأخير فهو المحور (axon) وهو أحد الألياف الطويلة والرفيعة يمتد من جسم الخلية العصبية، ويتفرع المحور في نهايته إلى أطراف متشابكة تسمى أطراف المحور (synapses).

التقليد هو أفضل الطرق للوصول إلى نتيجة مقبولة. فما الطريقة الأفضل لنمذجة شبكات تعلم الآلة لتعمل كدماغ الإنسان؟ توصل العلماء والمهندسون إلى أن أفضل الطرق هو استخدام ما يعرف بالشبكات العصبية الاصطناعية. الشبكات العصبية الاصطناعية (Artificial Neural Networks) هي أنظمة حاسوبية تم تصميمها على غرار النظام العصبي البيولوجي المعقد داخل الدماغ البشري.

الشبكات العصبية الاصطناعية متعددة الطبقات مستوحاة بشكل كبير من فهمنا للدماغ البشري. ونماذج التعلم العميق قادرة على أن تتعلم وتركز على المدخلات الصحيحة (inputs) بأنفسها إلى حد كبير، مما يتطلب القليل من التوجيه من قبل المبرمج. وهذا يجعل الشبكات العصبية الاصطناعية فعالة بشكل ملحوظ في التعرف على الأشياء والأصوات وفهم سياق الكلام المكتوب.

الشبكة العصبية الاصطناعية هي نموذج لمعالجة البيانات، مستوحى من الطريقة التي تعالج بها الأنظمة العصبية البيولوجية البيانات. بعبارات أبسط، هي نموذج رياضي بسيط للدماغ يُستخدم لمعالجة العلاقات غير الخطية بين المدخلات والمخرجات بالتوازي مثلما يفعل دماغ الإنسان كل ثانية.

كانت الشبكات العصبية الاصطناعية موجودة منذ أربعينيات القرن الماضي لكنها لم تعمل بكفاءة أبدًا. وذلك على الرغم من أنها أصبحت مؤخرًا قوية للغاية، وهي أحد أشهر نماذج تعلم الآلة بسبب نتائجها التي لا يمكن أن يقترب منها أي نموذج آخر من ناحية الدقة والإتقان.

الشبكات العصبية الاصطناعية هي أنظمة حوسبة ذات عُقد مترابطة تعمل بشكل شبيه للغاية من الخلايا العصبية في الدماغ البشري. يمكن للخوارزميات التعرف على الأنماط والارتباطات المخفية في البيانات الأولية، وتجميعها وتصنيفها، وبمرور الوقت، يتم التعلم والتحسن والتطور بشكل مستمر.

ويمكن أن تتطور الشبكات العصبية من خلال التدريب والاستدلال. يشمل التدريب استخدام خوارزميات مختلفة وتحسينها بمرور الوقت، مع دمج مصادر بيانات جديدة. فالاستدلال يعني أن الآلة يمكنها تحديد مصادر البيانات التي تحتاجها للتنبؤ من خلال القواعد المنطقية والاستدلال الاستنباطي.

الشبكات العصبية قوية جدًا عندما تكون لديك مجموعات بيانات ضخمة. فهذا يعني أن الشبكة العصبية لديها بيانات كافية لإنشاء نماذج إحصائية للبيانات التي تم إدخالها، وهذا هو السبب في أنها أصبحت أكثر نجاحًا بسبب كمية البيانات الجديدة التي تصدر كل يوم.

تتطلب الشبكات العصبية التعرض لكميات هائلة من البيانات لتتعلم وتفهم المهمة. وقد يتطلب تدريب شبكة عصبية للتعرف على شيء ما، تغذيتها بما يصل إلى ملايين الصور. ويمكن أن يكون الحصول على مجموعات البيانات ذات الصلة بهذا الحجم مكلفًا ويستغرق وقتًا طويلًا، مما يبطئ وتيرة التدريب والاختبار، ويؤدي إلى انخفاض سرعة تحسين أنظمة الذكاء الاصطناعي.

من الواضح أن الشبكة العصبية الاصطناعية ليست معقدةً مثل الجهاز العصبي البشري، ولكن يمكننا تصور أوجه التشابه فيما بينهما. في الخلايا العصبية البشرية، هناك التشعبات (dendrites) والأجسام الخلوية (cell bodies) والمحاور العصبية (axons). تتلقى التشعبات إشارات من الخلايا العصبية الأخرى فترسلها إلى داخل جسم الخلية، فتقوم الخلية بمعالجة هذه الإشارات ثم إرسالها إلى المحور (axon) وبعد ذلك إلى أطراف المحور، حيث يتم نقل الإشارة إلى الخلايا العصبية الأخرى مرارًا وتكرارًا.

تتضمن الشبكة العصبية الاصطناعية «البسيطة» طبقة إدخال وطبقة إخراج وبينهما طبقة مخفية واحدة. يتم توصيل الطبقات عن طريق العُقد، وتشكل هذه الاتصالات شبكة من العُقد المترابطة. أما تقنية الشبكات العصبية العميقة (Deep Neural Networks) فمستوحاة من

طريقة عمل الدماغ البشري، فالعُقد في التعلم العميق هي شبيهة للخلايا العصبية في الدماغ، أما الشبكة فهي شبيهة نوعًا ما بترابط الخلايا العصبية بعضها ببعض في الدماغ البشري.

تم تصميم العُقدة نسبة للخلية العصبية في دماغ الإنسان. وعلى غرار السلوك في الخلايا العصبية، يتم تنشيط العُقد عندما يكون هناك مُحفزات أو مدخلات كافية. ينتشر هذا التنشيط عبر الشبكة، مما يخلق استجابة للمخرجات (الإشارة الخارجة من العُقد).

تعمل الروابط بين هذه الخلايا العصبية الاصطناعية كمشابك بسيطة كما هو الحال في خلية الدماغ العصبية، مما يسمح بنقل الإشارات من عقدة إلى أخرى. تتم معالجة هذه الإشارات عبر الطبقات أثناء انتقالها من طبقة إلى أخرى. وكما موضح في الشكل أدناه.

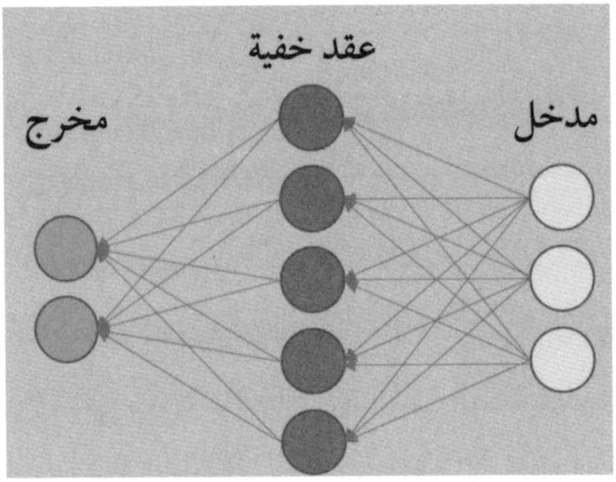

«الشبكات العصبية الاصطناعية البسيطة»

الخلايا العصبية الاصطناعية هي دالة رياضية يتم تصويرها كنموذج للخلايا العصبية البيولوجية. فهي وحدات أولية في الشبكة العصبية الاصطناعية وتُسمى بالعُقد. تتلقى هذه العُقد مدخلًا واحدًا أو أكثر (يمثل التشعبات) ومن ثم يتم جمع قيم المدخلات رياضيًا لإنتاج قيمة نهائية وهي المخرجات (output).

كان الهدف الأصلي للشبكات العصبية هو إنشاء نظام حسابي يمكنه حل المشاكل مثل الدماغ البشري. مع مرور الوقت، حول الباحثون تركيزهم إلى استخدام الشبكات العصبية لمطابقة مهام محددة، فدعمت الشبكات العصبية على سبيل المثال رؤية الكمبيوتر (computer vision) والتعرف على الكلام والترجمة الآلية وتصفية الشبكات الاجتماعية وألعاب الفيديو والتشخيص الطبي.

تُستخدم الشبكات العصبية الاصطناعية أيضًا لمجموعة متنوعة من المهام، والاستخدام الشائع هو التصنيف (classification). أي أن يمكن لها تصنيف عدد كبير من المدخلات إلى مجموعتين منفصلتين أو أكثر حسب مميزات وخصائص هذه المدخلات. وتُستخدم أيضًا في السيارات ذاتية القيادة، والتعرف على الأحرف، والتعرف على الصور، والتنبؤ بسوق الأوراق المالية، والعديد من التطبيقات الأخرى المثيرة للاهتمام.

التعلم المعزز

التعلم المُعزَّز (Reinforcement Learning) هي أيضًا تقنية مشابهة جدًا لكيفية تعلمنا نحن البشر. فطوال حياتنا، نتلقى إشارات إيجابية وسلبية ونتعلم منها باستمرار. المواد الكيميائية في الدماغ هي واحدة من العديد من الطرق التي نحصل بها على هذه الإشارات. فعندما يحدث شيء ما جيد، يؤدي ذلك إلى أن الخلايا العصبية في أدمغتنا تُنتج نبضات من الإشارات العصبية الإيجابية مثل الدوبامين، مما يجعلنا نشعر بالرضا ويصبح من المرجح أن نكرر هذا الإجراء أو العمل المحدد. الدوبامين مادة عضوية تُفرز في جسم الإنسان وتلعب دور ناقل عصبي، ولها تأثيرات عديدة على دماغ البشر، تقوم الخلايا العصبية في الدماغ بإفراز الدوبامين حيث يلعب دورًا محوريًا وأساسيًا في العامل التحفيزي في نظام المكافأة في الدماغ، ويعرف الدوبامين بين الناس بهرمون السعادة.

فالبشر ليسوا بحاجة إلى الإشراف المستمر ليتعلموا، مثل تقنية التعلم تحت الإشراف. وبدلًا من ذلك، نتعلم من خلال استلامنا لإشارات التعزيز العرضية فقط. وما زلنا نتعلم بشكل فعال للغاية بهذه الطريقة التقليدية.

التعلم المعزز هو نوع من البرمجة الديناميكية التي تدرب الخوارزميات باستخدام نظام الثواب والعقاب. تتعلم خوارزميات التعلم المعزز من خلال التفاعل مع بيئتها، حيث تتلقى الآلة مكافآت عند الأداء الصحيح (ردود الفعل الإيجابية) وعقوبات عند الأداء غير الصحيح (ردود الفعل السلبية). فتتعلم الآلة دون تدخل البشر عن طريق زيادة المكافآت وتقليل العقوبات.

فالتعلم المعزز هو نهج وطريقة لتعلم الآلة مستوحى من علم النفس السلوكي. وهو مشابه لكيفية تعلم الطفل لأداء مهمة جديدة. يتناقض التعلم المعزز مع مناهج تعلم الآلة

الأخرى في أنه لا يتم إخبار الخوارزمية بشكل صريح بكيفية أداء المهمة، ولكنها تعمل وتتعلم بمفردها.

ففي مناهج تعلم الآلة الأخرى يتم تدريب النموذج عن طريق الإجابة الصحيحة، بينما في التعلم المُعزز لا توجد إجابة، ولكن النموذج يقرر ما يجب فعله لأداء المهمة المعطاة. ففي غياب مجموعة بيانات التدريب، لا بد للآلة أن تتعلم من تجربتها.

تتخذ الآلة بمرور الوقت قرارات لزيادة مكافأتها وتقليل عقوبتها باستخدام البرمجة الديناميكية. أما ميزة طريقة الذكاء الاصطناعي هذه فتكمن في أنها تسمح لبرنامج الذكاء الاصطناعي بالتعلم دون مبرمج يوضح كيف يجب على الآلة أداء المهمة.

لذا، فإن الهدف الرئيسي من التعلم المعزز المستخدم اليوم هو تحديد أفضل تسلسل للقرارات التي تسمح للخوارزميات بحل مشكلة مع زيادة المكافأة على المدى الطويل. ويتم تعلم مجموعة الإجراءات المتماسكة هذه من خلال التفاعل مع البيئة ومراقبة المكافآت في كل حالة.

أثبت التعلم المعزز أنه طريقة فعالة لتدريب شبكات التعلم العميق التي تعمل على تشغيل أنظمة السيارات ذاتية القيادة. حيث تدعي شركة Wayve البريطانية المتخصصة في الذكاء الاصطناعي أنها أول شركة تطور سيارة ذاتية القيادة تعمل بمساعدة التعلم المعزز.

لم يتم استخدام التعلم المعزز كثيرًا في العالم الحقيقي نظرًا لكونه جديدًا ومعقدًا. ولكن من الأمثلة الواقعية على سبيل المثال، استخدام التعلم المعزز لتقليل تكاليف تشغيل مركز البيانات من خلال التحكم في أنظمة التبريد بطريقة أكثر كفاءة. تتعلم الخوارزمية سياسة مثالية لكيفية التصرف من أجل الحصول على أقل تكاليف للطاقة. فالتعلم المعزز قابل للتطبيق في العديد من الصناعات، بما في ذلك الإعلان عبر الإنترنت والتجارة الإلكترونية والروبوتات.

على الرغم من صعوبات التدريب، يجد التعلم المعزز طريقه ليُستخدم بشكل فعال في سيناريوهات الأعمال الحقيقية. حيث تُعد خوارزميات التعلم المعزز ذات قيمة عند البحث عن حلول مثالية في بيئة متغيرة باستمرار. فهو يُستخدم لأتمتة العمليات، والسيطرة على الآلات والمعدات وصيانتها، وتحسين استهلاك الطاقة. فعلى الرغم من أن تدريب الروبوتات على التجربة والخطأ يستغرق وقتًا طويلًا، إلا أنه يسمح للروبوتات بتقييم أوضاع

العالم الحقيقي بشكل أفضل، أو استخدام مهاراتها لإنجاز المهام، والاستجابة أو ردة الفعل على العواقب غير المتوقعة بشكل مناسب.

رؤية الكمبيوتر

رؤية الكمبيوتر (computer vision) هو أحد فروع مجال الذكاء الاصطناعي الذي يدرب أجهزة الكمبيوتر على تفسير وفهم العالم المرئي. تستطيع الأجهزة والآلات تمييز وتحديد الأشياء بدقة ثم تتفاعل مع ما تراه باستخدام الصور الرقمية من الكاميرات ومقاطع الفيديو ونماذج التعلم العميق.

بشكل عام، تعتبر رؤية الكمبيوتر تقنية قيمة للغاية، مما يسمح بتحليل البيانات والأنماط بسرعة وبدقة عالية، والتي يتم استخلاصها من المعلومات المرئية. ففي كثير من الحالات، يمكن لبرامج رؤية الكمبيوتر جمع والتقاط وكشف رؤى يصعب على الإنسان الوصول إليها بثقة وإبداع.

ويمكن تعريف تقنية رؤية الكمبيوتر، على أنها قدرة الكمبيوتر على إدراك البيئة التي تُحيط به. حيث يتم استخدام كاميرا فيديو واحدة أو أكثر مع جهاز تحويل الإشارة التناظرية إلى رقمية، ومن ثم معالجة الإشارات الرقمية. ويتم إرسال بيانات الصورة إلى جهاز كمبيوتر أو جهاز التحكم بالروبوت.

بدءًا من أواخر الخمسينيات وأوائل الستينيات، كان الهدف من تحليل الصور هو محاكاة أنظمة الرؤية البشرية، وسؤال أجهزة الكمبيوتر عما يرونه. في نهاية القرن الماضي، تم الانتقال إلى النمذجة ثلاثية الأبعاد، ولكن في السنوات التي تلت الألفية، شهدنا تقدمًا هائلًا في معالجة الصور بناءً على قوة الحوسبة الضخمة للشبكة العصبية التي توفرها أطر الحوسبة السحابية والأنظمة المتصلة بالإنترنت بشكل كبير.

مع تطور رؤية الكمبيوتر، تم إنشاء خوارزميات البرمجة لحل التحديات والمشاكل. فأصبحت الآلات أفضل في القيام بمهمة التعرف على الرؤية مع التكرار. وعلى مر السنين، كان هناك تحسن كبير في تقنيات التعلم العميق. وكذلك أصبحت لدينا القدرة على برمجة أجهزة الكمبيوتر العملاقة لتدريب وتحسين وتطوير نفسها ذاتيًا بمرور الوقت، واليوم تُبنى تطبيقات الشركات كتطبيقات عبر الإنترنت اعتمادًا على هذه التقنية.

تسمح تكنولوجيا رؤية الكمبيوتر للأجهزة والآلات بفهم الصور وتمييزها، كما في المتاجر الصغيرة على سبيل المثال، وفي اختبار سيارات القيادة الذاتية، والتشخيص الطبي اليومي، وفي مراقبة صحة المحاصيل والماشية. إن أجهزة الكمبيوتر بارعة في التعرف على الصور. وتتفوق رؤية الكمبيوتر بشكل واضح على الإنسان بالسرعة في تقييم المنتجات، مما يؤدي إلى زيادة الكفاءة التشغيلية. لهذا تستثمر اليوم أكبر شركات التكنولوجيا مليارات الدولارات في أبحاث رؤية الكمبيوتر.

في تقنية رؤية الكمبيوتر، يتم تقسيم الصور إلى وحدات بكسل (pixels) والتي تُعتبر عناصر الصورة، أو أصغر وحدة معلومات تشكّل وتكوّن الصورة. لا تقتصر رؤية الكمبيوتر على تحويل الصورة إلى وحدات بكسل ثم محاولة فهم ما يوجد في الصورة من خلال وحدات البكسل هذه، بل هناك تقنية تعمل على استخراج المعلومات من تلك البكسلات وتفسير ما تمثله.

تكنولوجيا رؤية الكمبيوتر هي موضوع رئيسي في صناعة السيارات. فالسيارات اليوم لديها نظام التحكم الديناميكي للسرعة، ولديها القدرة على الحفاظ على مسافة آمنة من السيارات التي أمامك. ووفقًا لمنظمة الصحة العالمية، يموت أكثر من مليون شخص حول العالم كل عام نتيجة حوادث المرور. وتضيف منظمة الصحة العالمية أنه من المتوقع أن تصبح حوادث المرور السبب الرئيسي السابع للوفاة بحلول عام 2030 إذا لم يتم اتخاذ إجراءات مستدامة. وأكثر أسباب هذه الحوادث هو الخطأ البشري وعدم الانتباه وإهمال السائق إلى حد كبير. فسيكون من المثير للاهتمام ملاحظة التغيير في البيانات الخاصة بوفيات حوادث الطرق بمجرد استخدام تكنولوجيا رؤية الكمبيوتر بالكامل في سياراتنا.

وفي مجال الرعاية الصحية، تساعد تقنية رؤية الكمبيوتر المتخصصين في الرعاية الصحية على تصنيف الحالات أو الأمراض بدقة والتي قد تنقذ حياة المرضى من خلال تقليل أو القضاء على التشخيصات غير الدقيقة والعلاج غير الصحيح.

فيمكن استخدام بيانات التصوير الطبي على نطاق واسع لتزويدنا بالتشخيص والعلاج والتنبؤ بالأمراض بشكل أفضل. ويمكن للرؤية الحاسوبية توفير معلومات ثلاثية الأبعاد ورباعية الأبعاد تساعد على فهم الإنسان بشكل أفضل. ولقد تم توفير العديد من الأدوات القوية من خلال تجزئة الصورة، وتعلم الآلة، وتصنيف الأنماط، والتتبع، وإعادة البناء

لتوفير المعلومات المطلوبة بقدر من الأهمية، والتي لا يمكن توفيرها بسهولة من قبل متخصصين مدربين.

ومن ثم يمكن لخوارزميات الرؤية الحاسوبية المساعدة في أتمتة المهام، مثل الكشف عن الأورام السرطانية في الصور الخاصة بجلد الإنسان أو العثور على الأعراض المرضية في الأشعة السينية (x-ray) ومسح الرنين المغناطيسي (MRI).

أما في المجال الزراعي، فقد بدأت بعض المزارع في اعتماد تقنية رؤية الكمبيوتر لتحسين عملياتها. وإن هذه التقنيات لتهدف إلى مساعدة المزارعين على اعتماد أساليب نمو أكثر كفاءة، وزيادة الإنتاجية، ونمو وزيادة الأرباح والعائد في نهاية المطاف. فعلى سبيل المثال تم استخدام طائرات بدون طيار مزودة بتقنية رؤية الكمبيوتر ومتصلة بنظام ذكاء يتكون من أجهزة استشعار ومعالجات وأجهزة تخزين وشبكات وبرنامج تحليل ذكاء اصطناعي لقياس ومراقبة حالة المحاصيل الزراعية.

في الأعمال المصرفية (banking) تضمنت معظم تطبيقات الذكاء الاصطناعي الكشف عن الاحتيال ومعالجة اللغة الطبيعية، فقد وجدت بعض تقنيات رؤية الكمبيوتر أيضًا طريقها إلى الصناعة المصرفية. ومنها على سبيل المثال، تطبيقات التعرف على الصور التي تستخدم تقنية تعلم الآلة لتصنيف البيانات واستخراجها والمصادقة على المستندات مثل جوازات السفر وبطاقات الهوية ورخص القيادة والشيكات.

تعمل التطبيقات عن طريق جعل العملاء يلتقطون صورة للهوية أو شيكًا ورقيًا باستخدام أجهزتهم المحمولة ويرسلونها إلى بنك المستخدم، حيث تتحقق برامج رؤية الكمبيوتر من جانب البنك من أصالتها. بمجرد التحقق منها وقبولها، تتم معالجة الطلب أو الشيك.

تلعب رؤية الكمبيوتر أيضًا دورًا مهمًا في تطبيقات التعرف على الوجه، وهي التقنية التي تمكّن أجهزة الكمبيوتر من مطابقة صور وجوه الأشخاص بهوياتهم. تقوم خوارزميات رؤية الكمبيوتر بالكشف عن ملامح الوجه في الصور ومقارنتها بقواعد بيانات ملفات تعريف الوجه. تستخدم تطبيقات الوسائط الاجتماعية التعرف على الوجه لاكتشاف المستخدمين ووضع علامات. وتعتمد الشرطة وأجهزة الأمن الأخرى أيضًا على تقنية التعرف على الوجه لتحديد المجرمين من قنوات الفيديو.

الروبوتات

الروبوتات هي آلات قابلة للبرمجة يمكنها القيام بمهمة بشكل مستقل أو شبه مستقل. تستخدم الروبوتات أجهزة استشعار للتفاعل مع العالم المادي. وهذه الروبوتات قادرة على الحركة، ولكنْ يجب برمجتها لأداء مهمة معينة كما هو الحال في مصانع السيارات.

تتكون تقنيات الروبوتات (Robotics) من جميع العمليات اللازمة لتصميم وبناء وصيانة الروبوتات والآلات الذكية الأخرى. فالروبوتات أنظمة معقدة وذكية تستخدم على سبيل المثال لمساعدة الطيارين في عملية الطيران والمناورة، وكذلك في المركبات الفضائية دون تدخل بشري مباشر. في الحياة اليومية أثبتت هذه الأنظمة الآلية حضورها ليس فقط في المصانع بل في حياتنا اليومية كأفراد.

تستخدم الروبوتات في الوقت الحاضر مجموعة كاملة من أجهزة الاستشعار بما في ذلك الكاميرا والسونار والليدار والرادار والليزر، لتقدير وقياس المسافات والتعرف على البيئة، وكذلك الجايروسكوبات وأجهزة التسارع لقياس الحركة والميل والاتجاه.

كثيرًا ما يحدث ارتباك وخلط وعدم تفريق بين مصطلحي الذكاء الاصطناعي والروبوتات، إلا أنهما في الحقيقة مجالان منفصلان. ومع ذلك، عند الجمع بينهما، نحصل على روبوت ذكي اصطناعي، حيث يعمل الذكاء الاصطناعي كدماغ، وتعمل الروبوتات كجسم لتمكين الروبوتات من المشي والرؤية والتحدث والشم والمزيد من الميزات.

مع استمرار التقدم في مجال الروبوتات والذكاء الاصطناعي الذي يفاجئنا، فربما لا توجد صناعة واحدة لم تتأثر بهذه التقنيات. سوق الروبوتات، على سبيل المثال، ينمو بشكل أسرع مما كان يتوقعه الكثير منا. ومن المتوقع أن يصل إلى 77 مليار دولار بحلول عام 2022، أي أكثر من ضعف حجمه في عام 2017. أما سوق الذكاء الاصطناعي فيتطور بشكل أسرع. وقد نما حجمه من 700 مليار دولار في عام 2017 إلى 1.2 تريليون دولار في عام 2018 ومن المتوقع أن تبلغ قيمته 3.2 تريليون دولار بحلول عام 2022. من الواضح أن كلًا من الروبوتات والذكاء الاصطناعي أسواق قوية وواعدة، ويمكن أن يؤدي الجمع بين هاتين التقنيتين إلى تغيير حياتنا نحو الأفضل.

أصبحت صناعة البيع بالتجزئة مؤتمتة بشكل كبير. على الرغم من أن البعض يعتقد أن الروبوتات خطرة على مجتمعنا ويمكن أن تجعل البشر كائنات عفا عليها الزمن تدريجيًا، فإن

الواقع لا يُثبت ذلك، على الأقل في عالم البيع بالتجزئة. فاليوم، تقوم شركات التكنولوجيا بتطوير روبوتات ذكية مناسبة لمجموعة متنوعة من الخدمات.

ليس هناك شك في أن الروبوتات رائعة في مساعدة البشر. في حين أننا ما زلنا نحافظ على هيمنتنا، فإن التطورات في روبوتات الذكاء الاصطناعي البشرية تتصدر العناوين الرئيسية. ويبرز روبوت واحد على وجه الخصوص، اسمها صوفيا. بعد حصولها على الجنسية السعودية في عام 2017، أصبحت صوفيا أول روبوت مواطن في العالم. ليس هذا فقط، ولكن صوفيا تحدثت أيضًا مع شخصيات سياسية مميزة وحضرت مؤتمرات حول العالم.

قام بصناعة هذا الروبوت الآلي شركة Hanson Robotics ومقرها هونج كونج، ويمكن لهذا الروبوت أن يبتسم ويضحك ويعبر عن العواطف، تمامًا مثل الإنسان. وإن طرحت عليها سؤالًا، ستعطيك صوفيا الإجابة الصحيحة. يستخدم هذا الروبوت تقنية تعلم الآلة المتطورة للتعرف على الوجوه واكتشاف إيماءات اليد المختلفة. على عكس الروبوتات الأخرى التي تبدو وكأنها خرجت مباشرة من فيلم خيال علمي، لقد أصبحت صوفيا أكثر واقعية. وإلى جانب كونها مفيدة لأبحاث الذكاء الاصطناعي، يمكن أن تكون صوفيا مفيدة في صناعات مثل التعليم والطب. فعلى سبيل المثال، يمكنها أن تقدم الرفقة للمسنين في المرافق والمؤسسات التمريضية. وفي المدارس، يمكن للروبوتات مثل صوفيا مساعدة المعلمين وتوفير التعليم الفردي للطلاب.

الروبوتات المدعومة بالذكاء الاصطناعي هي تطور حديث إلى حد ما. ومع استمرار البحث والتطوير، يمكننا أن نتوقع أن تبدأ روبوتات الذكاء الاصطناعي في عكس تلك السمات والخواص البشرية التي نراها في الأفلام.

فالذكاء الاصطناعي يُمكّن ويقوي الروبوتات الحديثة. ويساعد تعلم الآلة والذكاء الاصطناعي الروبوتات على الرؤية والمشي والتحدث والشم والتحرك بطرق تشبه الإنسان بشكل متزايد.

قطع كل من الذكاء الاصطناعي والروبوتات شوطًا طويلًا. فما بدا أنه مجرد مفاهيم نظرية قبل بضع سنوات فقط، أصبح اليوم حقيقة واقعة. فقد أصبحت الروبوتات أكثر ذكاءً، بينما لا يزال لدى الناس مشاعر مختلطة حول هذه التكنولوجيا، والحقيقة أننا لا نستطيع

العودة. وعلى الرغم من إمكاناتها المقلقة، فإن فرص أن يتم القضاء علينا بواسطة الروبوتات في المستقبل ضئيلة للغاية. وبدلًا من الخوف من هذه الابتكارات، علينا أن نتبناها، فليس هناك الكثير الذي يمكننا القيام به لمنع التقدم المستمر للتكنولوجيا.

الفصل الخامس
تطبيقات الذكاء الاصطناعي

تستمر وتيرة الذكاء الاصطناعي إلى الأمام بشكل لا مفر منه. نرى كل يوم التطور المستمر للتقنيات والتطبيقات الجديدة وزيادة الاستثمار في الذكاء الاصطناعي وتعلم الآلة ومجموعة من التقنيات المعرفية. في حين أننا قد نكون قادرين على رؤية كيفية تنفيذ بعض هذه التقنيات على المدى القصير بسهولة، فما الذي يحمله المستقبل المليء بالذكاء الاصطناعي؟

في الثمانينيات، كان ظهور الهواتف المحمولة أمرًا واضحًا إلى حد كبير يصل إلى أنها ستسمح لنا بإجراء مكالمات هاتفية أينما كنا، ولكن من كان بإمكانه توقع استخدام الهواتف المحمولة كأدوات حوسبة محمولة مزودة بالتطبيقات، والوصول إلى المعلومات العالمية، والكاميرات، ونظام تحديد المواقع، ومجموعة واسعة من الأشياء التي نعتبرها الآن حوسبة متنقلة في كل مكان. ومثل هذا إلى حد كبير، سيكون لعالم الذكاء الاصطناعي المستقبلي تأثير أكبر بكثير وبطريقة مختلفة كثيرًا عما قد نفترضه اليوم.

مع تقدم التكنولوجيا، تتغير طبيعة العمل بسرعة. فالغرض من التكنولوجيا هو القضاء على المهام والأعمال المرهقة، وتحسين حياتنا اليومية. فالتكنولوجيا تهدف إلى زيادة إنتاجنا، وتتيح لنا أن نعيش حياتنا إلى الشيخوخة بصحة جيدة. لقد رأينا دائمًا تعديلات على القوى العاملة عندما تصبح التقنيات الجديدة متاحة، خاصة في مجال الأتمتة. لذلك، لا ينبغي أن يكون من المستغرب أن تتطلع المؤسسات والشركات بجميع أنواعها إلى الذكاء الاصطناعي لتغيير الطريقة التي تدير بها أعمالها. وعلى هذا النحو، فإن اعتماد الذكاء الاصطناعي سيغير بالضرورة طبيعة العمل وبشكل لا يمكن تجنبه.

يُعرّف الذكاء الاصطناعي بأنه قدرة جهاز كمبيوتر أو برنامج «Software» على التفكير والتعلم واتخاذ القرارات. وبشكل عام، يُشير المصطلح إلى آلة تحاكي الإدراك البشري.

فمن خلال الذكاء الاصطناعي، نحصل على برامج وأجهزة كمبيوتر تساعدنا على القيام بما يفعله البشر. ونحن نقوم بتغذية هذه البرامج والآلات بكمية هائلة من البيانات التي يتم تحليلها ومعالجتها بالتفكير المنطقي لتنفيذ الإجراءات البشرية. إن عملية أتمتة المهام البشرية المتكررة والروتينية هي مجرد غيض من فيض في مجال الذكاء الاصطناعي المترامي الأطراف.

المجال الصناعي

يُقدم الذكاء الاصطناعي إمكانيات هائلة للصناعة، فإنه يجعل الإنتاج أكثر كفاءة ومرونة وموثوقية. فالمصانع تعمل على تحسين استهلاكها للطاقة أثناء التشغيل الحي. وتقوم الآلات بإجراء فحوصات مراقبة الجودة وإجراء التعديلات اللازمة أثناء عملية التصنيع.

الصناعة أصبحت رقمية بشكل متزايد. والمؤسسات والشركات الرقمية تُعد بالفعل حقيقة واقعة. حيث يتم إنشاء البيانات ومعالجتها وتحليلها بشكل مستمر. إن كمية البيانات الضخمة هي الأساس في التقدم والتطور في كل المجالات. لكن ماذا سيحدث إذا استطاعت الآلات وعمليات المعالجة من جمع رؤى من هذه الكميات الكبيرة من البيانات من تلقاء نفسها، وتحسين عمليات المعالجة أثناء التشغيل الحي؟ إن الإمكانيات ستكون هائلة ورائعة. والخبر السار هنا أنه يمكن تحقيق ذلك بالفعل، خطوة بخطوة ومن خلال استخدام الذكاء الاصطناعي.

كان الذكاء الاصطناعي محور البحث لأكثر من ثلاثين عامًا. وخلال هذا الوقت، تم إحراز تقدم كبير في هذا المجال من التكنولوجيا. ومنها على سبيل المثال، أجهزة كمبيوتر وبرمجيات أكثر قوة، وتحسين قوة الحوسبة، ونقل البيانات، حيث يخلق الذكاء الاصطناعي فرصًا جديدة تمامًا للإنتاج المرن والفعال.

فمع زيادة مستوى الشبكات، يمكن لبرمجيات الذكاء الاصطناعي أن تتعلم القراءة بين السطور مما قد يؤدي إلى اكتشاف العديد من الاتصالات المعقدة في الأنظمة الذكية التي لم تظهر بعد أو التي لم تعد واضحة للعين البشرية.

تُظهر دراسة أجرتها شركة الاستشارات الاستراتيجية العالمية Roland Berger والتي مقرها في المدينة الألمانية ميونخ أنه بحلول عام 2035 يمكن للأنظمة الذكية ذات الشبكات

الرقمية أن تحقق نموًا إضافيًا يبلغ تقريبًا 420 مليار يورو في أوروبا الغربية وحدها. أما بالنسبة للدراسة التي أجرتها مجموعة الشركات للخدمات المهنية برايس ووتر هاوس كوبرز (PricewaterhouseCoopers) ومقرها لندن، فاستنتجت أن الشركات الكبيرة تستخدم تقنية الذكاء الاصطناعي بنسبة 62٪. ويمكن للذكاء الاصطناعي أن يساهم أيضًا بما يصل إلى 15.7 تريليون دولار أمريكي في الاقتصاد العالمي في عام 2030.

إن الشرط المسبق والأساسي للذكاء الاصطناعي هو البنية التحتية لتكنولوجيا المعلومات، بغض النظر عن حجم الشركة. هذه هي الطريقة الوحيدة التي يمكن أن تصبح بها الأعمال جزءًا من المستقبل الرقمي. ولكن يجب أن يكون هذا مصحوبًا دائمًا بالوعي بأن الرقمنة والأمن السيبراني يجب أن يسيران جنبًا إلى جنب. حيث يشير مفهوم الأمن السيبراني (Cyber security) إلى مجموعة التقنيات والعمليات والممارسات المصممة لحماية الشبكات والأجهزة والبرامج والبيانات من الهجوم أو التلف أو الوصول غير المصرح به. وقد يشار إلى الأمن السيبراني بوصفه أمن تكنولوجيا المعلومات.

إن المخاطر هائلة دون الضمانات الصحيحة، فوفقًا لتقرير المخاطر العالمية الصادر عن المنتدى الاقتصادي العالمي لعام 2018 «Global Risk Report» فإن الخسائر التجارية من خلال الجرائم السيبرانية ستبلغ على مدى السنوات الخمس المقبلة 8 تريليونات دولار والذي يتجاوز بكثير الناتج المحلي الإجمالي لإحدى الدول الاقتصادية الكبرى مثل ألمانيا.

المجال الطبي

يمكن وصف الذكاء الاصطناعي في مجال الطب بأنه الحقل العلمي المتعلق بالدراسات والمشاريع والتطبيقات البحثية، التي تدعم المهام الطبية القائمة على القرار من خلال الحلول المستندة إلى المعرفة والبيانات التي تدعم وتُحسن أداء الرعاية الصحية في نهاية المطاف.

من خلال التقدم في مجال الذكاء الاصطناعي يبدو من الممكن التخلص من التشخيص الخاطئ الذي يرتكبه الأطباء. حيث تسمح لنا البيانات المتراكمة التي تنتجها العيادات والمستشفيات المُخزنة في السجلات الطبية الإلكترونية من خلال الاختبارات والفحوصات والتصوير الطبي بمزيد من تطبيقات الذكاء الاصطناعي، كصناعة الأدوية التي تعتمد على

البيانات عالية الأداء. لقد تغيرت هذه التطبيقات وستستمر في تغيير الطريقة التي يتعامل بها الأطباء والباحثون مع حل المشكلات السريرية.

في حين أن بعض الخوارزميات المستخدمة في هذا المجال يمكن أن تتنافس مع الأطباء وتتفوق عليهم أحيانًا في مجموعة متنوعة من المهام، فإنه لم يتم دمجها بالكامل في الممارسة الطبية اليومية، والسبب الذي يذكره بعض المتخصصين من أنه على الرغم من أن هذه الخوارزميات يمكن أن تؤثر بشكل كبير على الطب وتدعم بقوة الخدمات الطبية، فهناك العديد من المخاوف التنظيمية التي تحتاج إلى معالجة أولًا.

على غرار كيفية تعليم الأطباء خلال سنوات من المحاضرات الطبية والقيام بالواجبات والامتحانات العملية وتلقي الدرجات والتعلم من الأخطاء، يجب أن تتعلم خوارزميات الذكاء الاصطناعي أيضًا كيفية أداء وظائفها. وبشكل عام، فإن المهام التي يمكن أن تقوم بها الخوارزميات هي المهام التي تتطلب إكمال وإتمام الذكاء البشري، مثل التعرف على الكلام والصور وتحليلها واتخاذ القرار. فباختصار، تعد خوارزميات الذكاء الاصطناعي رائعة لأتمتة المهام الشاقة، وقد تتفوق أحيانًا على البشر في المهام التي يتم تدريبها على القيام بها.

فمن أجل إنشاء خوارزمية فعالة للذكاء الاصطناعي، يتم أولًا تزويد أنظمة الكمبيوتر بالبيانات التي يتم هيكلتها وتنظيمها، مما يعني أن كل نقطة بيانات (input) لها ما يقابلها من نتائج (output) يمكن التعرف عليها من قبل الخوارزمية. بعد تزويد الخوارزمية بمجموعة كافية من بيانات الإدخال ومعلومات الإخراج (النتائج) يتم تحليل الأداء لضمان الدقة. تمامًا مثل الامتحانات والاختبارات التي يتم تقديمها للطلاب حيث تتضمن اختبارات الخوارزمية عملية إدخال بيانات (input) والتي يعرف المبرمجون نتائجها (output) مسبقًا، مما يسمح لهم بتقييم قدرة الخوارزميات على تحديد الإجابة الصحيحة، واستنادًا لنتائج الاختبار، يمكن تعديل الخوارزمية أو توفير المزيد من البيانات.

يعمل الذكاء الاصطناعي بدقة وإتقان ومهارة للتأكد من أنك بصحة جيدة، فسيكون هناك أجهزة استشعار في منزلك تتحقق من أنفاسك باستمرار بحثًا عن أي علامات أو أعراض مبكرة للسرطان، أو أمراض الجهاز التنفسي الأخرى مثل الربو والالتهاب الرئوي. وستتحرك الروبوتات النانوية عبر مجرى الدم لتُزيل الإصابة في دماغك وتعالج الجلطات الدموية عن طريق إذابتها، ومن ثم تُقلل من خطر أي سكتة دماغية أو نوبة قلبية.

يراقب الذكاء الاصطناعي باستمرار وثبات نظام المناعة لديك ويضمن حصولك على مساعدة طبية على مدار الساعة طوال أيام الأسبوع من قبل أفضل الأطباء في جميع أنحاء العالم. فهو يأخذ الأعراض الخاصة بك لمقارنتها مع العديد من الحالات المتاحة في قاعدة البيانات قبل مئات السنين، ليتم بعد ذلك وبسرعة فائقة اتخاذ القرار الطبي الدقيق.

أحد الأمثلة المتعدد للخوارزمية التي تتفوق على الأطباء هي مهام تصنيف الصور. ففي عام 2018 طور الباحثون في كلية الطب جامعة سيول الوطنية خوارزميات ذكاء اصطناعي تسمى DLAD والتي تعني الكشف التلقائي القائم على التعلم العميق (Deep Learning based Automatic Detection) لتحليل الصور الشعاعية للصدر واكتشاف نمو الخلايا غير الطبيعي، مثل السرطانات المُحتملة. وبعد أن تمت مقارنة أداء الخوارزمية بقدرات اكتشاف الأطباء على نفس الصور، تبين أن الخوارزمية تمكنت من التفوق على 17 طبيبًا من أصل 18.

الشرائح الإلكترونية والدماغ البشري

يقول البروفسور كيفين وارويك أستاذ علم التحكم الآلي في جامعة ريدنغ: إن شعرت بالتحسن عن طريق زرع شريحة إلكترونية في دماغك لتوسيع نظامك العصبي من خلال الإنترنت، أي أنه يمكنك تحديث نفسك، فإنك ستصبح آلة بصورة جزئية! قد يبدو ما يقوله البروفسور نوعًا من الخيال العلمي، لكنه ليس كذلك، فلديه العديد من الرقائق الإلكترونية المزروعة في جسمه، مما يجعله رجلًا آليًا، نصف آلة ونصف بشر!

وقد قام البروفسور كيفين أيضًا بزراعة الخلايا العصبية في المختبر، حيث استعان بخلايا من الأنسجة القشرية لدماغ الحيوانات، ومن ثم استخدمها للتحكم في الروبوتات. وكذلك تستطيع الرقائق الإلكترونية المزروعة في أدمغتنا أيضًا أن تُحرك العضلات في أجسامنا حسب الرغبة.

يتم تشغيل الروبوت عن بعد بواسطة الإنسان، أو قد يتم التحكم فيه بواسطة برنامج كمبيوتر بسيط، أو قد يكون قادرًا على التعلم باستخدام معالج دقيقة (CPU) كدماغ تكنولوجي، ففي كل هذه الحالات، نعتبر الروبوت مجرد آلة. لكن ماذا لو كان الروبوت يحتوي على دماغ بيولوجي يتكون من خلايا عصبية، ومنها على سبيل المثال خلايا من أنسجة قشرية من أجنة القوارض، وربما في المستقبل خلايا عصبية بشرية!

توصل العلماء إلى أن عملية زراعة الدماغ البشري ستُمكّن من تطوير حواس جديدة أو التواصل مع بعضها البعض بمجرد التفكير، وتطوير تقنية تُسمى بالتفكير متعدد الأبعاد، حيث إن تفكيرنا حاليًا ثلاثي الأبعاد فقط، وهذا ما يقيد تفكيرنا.

ويدرك العلماء السيناريوهات البائسة نتيجة ربط علم الأحياء والآلات، لكن البعض منهم يقول ماذا لو استطعنا التنبؤ بمن سيرتكب جريمة قبل أن يقوم بها، عن طريق استخدام الذكاء الاصطناعي؟ ألا يجب أن نوقفه قبل ارتكابها، على الرغم من أنه وفقًا لقوانيننا الحالية، لا يمكن احتجاز أي شخص إلا أن يقوم بشيء أو يقترف ذنبًا ما.

لا يعتقد العلماء والمهندسون حتى الآن أن شخصًا ما قد بنى دماغًا بنفس حجم الدماغ البشري، سواء كان ذلك بيولوجيًا أو تقنيًا. لكنهم يعتقدون من الناحية التقنية، أن تكنولوجيا الذكاء الاصطناعي تقدمت وتطورت بشكل كبير، وبدأت هذه التكنولوجيا تُستخدم بشكل كبير دون أن ندرك أنها تُستخدم.

يمكن أن يستفيد الفرد من مزايا الذكاء الاصطناعي، ومن ذلك على سبيل المثال القدرات الرياضية والحسابية السريعة والدقيقة للغاية من حيث تحليل الأرقام، وقاعدة البيانات والمعلومات الخاصة بالإنترنت عالية السرعة وغير المحدودة تقريبًا. ومن المسلم به أن لدى البشر خمس حواس فقط، في حين أنه يمكن للآلات أن ترى العالم بطرق متعددة، والتي تتضمن إشارات الأشعة تحت الحمراء والأشعة فوق البنفسجية والموجات فوق الصوتية، وموجات الراديو على سبيل المثال لا الحصر.

لكن إذا كان دماغ الإنسان الآلي (الروبوت) يحتوي تقريبًا على نفس عدد الخلايا العصبية البشرية كالدماغ البشري النموذجي، فهل يجب أن تكون له حقوق مماثلة للبشر؟ وماذا لو كانت هذه المخلوقات تحتوي على خلايا عصبية بشرية أكثر من الدماغ البشري النموذجي -أكثر بمليون مرة على سبيل المثال- فهل سيتخذون القرارات المستقبلية بدلًا من البشر العاديين؟ فلو أننا نظرنا إلى المستقبل، فإننا سنشهد قريبًا روبوتات ذات أدمغة لا تختلف كثيرًا عن تلك التي لدى الإنسان.

يُعتبر البشر محدودين من حيث أنهم لا يستطيعون سوى تصور وفهم العالم من حولهم من خلال الإدراك ثلاثي الأبعاد. في حين أن أجهزة الكمبيوتر قادرة تمامًا على التعامل

مع مئات الأبعاد. ربما كان الأهم من ذلك، أن وسائل الاتصال البشرية، التي تنقل بشكل أساسي إشارة كهروكيميائية معقدة من دماغ إلى آخر عن طريق الكلام، ضعيفة للغاية، خاصة من حيث السرعة والقوة والإحكام. ومن الواضح أن ربط الدماغ البشري بشبكة الكمبيوتر يمكن أن يُبرز ويُظهر على المدى الطويل مزايا ومحاسن ذكاء الآلة، وقدرات الاتصال والاستشعار للفرد الجديد.

فهل يمكن لنا أن نغير طريقة تواصلنا كبشر؟ وهل يمكن لنا أن نصل إلى عصر التخاطر؟ التطورات الأخيرة في التواصل بين الدماغ والجهاز تُسلط الضوء على فوائد هذه التكنولوجيا، كعلاج حالات الصحة العقلية إلى التحكم في الأشياء بالعقل. في منتصف عام 2019 كشف إيلون ماسك الرئيس التنفيذي لشركتي Tesla للسيارات الكهربائية وspace x للفضاء عن مشروعه الذي يُعتبر من مشاريع الخيال العلمي حتى الآن، شريحة كمبيوتر متصلة بأسلاك رفيعة لها أقطاب كهربائية، وكلها من المفترض أن يتم تضمينها في دماغ الإنسان بواسطة روبوت جراحي. على أن تتصل الشريحة لاسلكيًا بجهاز استقبال صغير خلف الإذن يمكنه الاتصال بجهاز كمبيوتر.

فيمكن لهذه التكنولوجيا التي تعمل بالذكاء الاصطناعي أن تجعل الأشخاص أكثر ذكاءً من خلال مساعدتهم على اتخاذ قرارات أفضل، وتحسين الذاكرة، ومعالجة المزيد من المعلومات بكفاءة أكبر. إن الدماغ المليء بالذكاء الاصطناعي سيُحدث ثورة حقيقية في كيفية وسرعة تعلمنا، من خلال تحميل عدد من المجالات العلمية مباشرة إلى أدمغتنا، بما في ذلك المجالات ذات المهارات العالية مثل الهندسة والقانون والطب والعلوم.

يمكن أن يُزاوج الإبداع البشري مع قوة المعالجة للذكاء الاصطناعي، وبذلك تتوفر القوى المعرفية الخارقة لكل شخص على هذا الكوكب، ويُطلق العنان لعصر جديد في الإنتاجية البشرية.

المجال الزراعي

الزراعة هي واحدة من أقدم وأهم المهن في العالم. فقد قطعت البشرية شوطًا طويلًا على مدى آلاف السنين في تطوير عملية الزراعة بإدخال التقنيات المختلفة. وتعد الزراعة في جميع أنحاء العالم أحد مصادر الدخل التي تقدر بخمسة تريليونات دولار.

وتتجه الزراعة اليوم نحو تقنيات الذكاء الاصطناعي للمساعدة في إنتاج محاصيل أكثر صحة، والسيطرة على الآفات، ومراقبة التربة وظروف النمو، وتنظيم البيانات للمزارعين، وتقليل عبء العمل.

وتساعد تقنيات الذكاء الاصطناعي المزارعين على تحسين التخطيط لإنتاج محصول أكثر وفرة من خلال تحديد أفضل خيارات المحاصيل، وأفضل خيارات البذور الهجينة، واستغلال الموارد والانتفاع بها. وتساعد أيضًا على تحسين جودة الحصاد ودقته، ويمكن لأجهزة استشعار الذكاء الاصطناعي الكشف عن الأعشاب الضارة واستهدافها ثم تحديد مبيدات الأعشاب التي يجب استخدامها، وهذا يساعد على منع الإفراط في استخدام المبيدات والسموم التي تجد طريقها إلى طعامنا.

وللذكاء الاصطناعي القدرة على إنشاء نماذج تنبؤ موسمية لتحسين الدقة الزراعية وزيادة الإنتاج، ويمكن لهذه النماذج القدرة على التنبؤ بالطقس قبل شهور، لمساعدة المزارعين باتخاذ قراراتهم. والتنبؤات الموسمية ذات قيمة خاصة للمزارع الصغيرة في البلدان النامية، فقد تكون بياناتها ومعرفتها محدودة، وهذا ما يساعد على زيادة المحاصيل في تلك المزارع.

تعالج تقنية رؤية الكمبيوتر (computer vision) وخوارزميات التعلم العميق البيانات التي يتم التقاطها عن طريق كاميرات الطائرات بدون طيار، التي تحلق فوق الحقول والمزارع، حيث يتم تحليل الصور بسرعة فائقة لتحديد مناطق المشاكل، واتخاذ الإجراءات والتحسينات المناسبة، فالطائرات بلا طيار قادرة على تغطية الكثير من الأراضي في وقت أقل بكثير من البشر سيرًا على الأقدام، مما يسمح لمراقبة المزارع الكبيرة بشكل متكرر.

وبما أننا ابتعدنا عن كوننا مجتمعًا زراعيًا بأعداد هائلة من الناس يعيشون في الريف إلى أعداد هائلة من الناس يعيشون في المدن، وهو التحول الذي نتج عنه انحسار وضعف وتراجع لرغبات العمل في المجال الزراعي. هنا يمكن أن تبرز أهمية الروبوتات الزراعية كبديل أو مكمل للقوى البشرية العاملة، ويمكن لها حصاد المحاصيل بحجم أكبر وبسرعة أعلى من البشر، وتحديد الأعشاب الضارة وإزالتها بدقة أكبر، وخفض تكاليف الزراعة من خلال وجود قوة عاملة على مدار الساعة.

المجال المالي

لقد اجتازت الرحلة التي قامت بها معظم الشركات، والتي بدأت مع الإنترنت، المراحل الرئيسية للرقمنة، مثل تحديث الأنظمة الأساسية وتكامل تكنولوجيا الهاتف المحمول، وأدخلتها إلى مرحلة الأتمتة الذكية.

للاستفادة بشكل فعال من المزايا التي يقدمها الذكاء الاصطناعي، قد تحتاج الشركات إلى إعادة النظر بشكل أساسي في كيفية تفاعل البشر والآلات داخل مؤسساتها وكذلك خارجيًا مع الشركاء والعملاء. وبدلًا من اتباع نهج منعزل، حيث لا تتطلب الحاجة إلى إعادة اختراع العجلة مع كل مبادرة جديدة. فيجب على المدراء التنفيذيين للخدمات المالية التفكير في نشر واستخدام أدوات الذكاء الاصطناعي بشكل منظم عبر مؤسساتهم، بما يشمل كل عملية ووظيفة تجارية.

لقد منح الذكاء الاصطناعي عالم البنوك والصناعة المالية طريقة لتلبية متطلبات العملاء الذين يريدون طرقًا أكثر ذكاءً وملاءمة، وأكثر أمانًا للوصول إلى أموالهم وإنفاقها وتوفيرها واستثمارها، حيث يعمل الذكاء الاصطناعي في المجال المالي على تغيير الطريقة التي نتفاعل بها مع المال. ويساعد الذكاء الاصطناعي الصناعة المالية على تبسيط وتحسين العمليات التي تتراوح من قرارات الائتمان إلى التداول وإدارة المخاطر المالية.

تُساعد حلول الذكاء الاصطناعي البنوك ومقرضي الائتمان على اتخاذ قرارات اكتتاب أكثر ذكاءً من خلال استخدام مجموعة متنوعة من العوامل التي تقيّم بشكل أكثر دقة المقترضين الذين يفتقرون إلى الخدمات التقليدية، في عملية صنع القرار الائتماني.

هناك فوائد عديدة لاستخدام الذكاء الاصطناعي في الخدمات المالية. إذ يمكن أن تعزز الكفاءة والإنتاجية من خلال الأتمتة، والحد من التحيزات والأخطاء البشرية الناجمة عن العوامل النفسية أو العاطفية، وتحسين جودة ودقة المعلومات الإدارية عن طريق اكتشاف أي حالات شاذة أو ميول طويلة المدى لا يمكن كشفها بسهولة من خلال طرق إعداد التقارير الحالية.

ويوفر الذكاء الاصطناعي تقييمًا أسرع، وأكثر دقة للمقترض المحتمل بتكلفة أقل، مما يؤدي إلى اتخاذ قرار حكيم ومدعوم بالبيانات. حيث يعتمد التقييم الائتماني الذي يقدمه

الذكاء الاصطناعي على قواعد أكثر تعقيدًا وتطورًا مقارنة بالقواعد المستخدمة في أنظمة تسجيل الائتمان التقليدية والتي تساعد المقرضين على التمييز بين المتقدمين الذين يعانون من مخاطر عالية للتخلف عن السداد، وأولئك الذين يستحقون الائتمان ولكن يفتقرون إلى تاريخ ائتماني واسع النطاق.

من الصعب لنا تقدير تأثير الذكاء الاصطناعي في الخدمات المالية وخاصة عندما يتعلق الأمر بإدارة المخاطر، حيث تسمح قوة المعالجة الهائلة بالتعامل مع كميات ضخمة من البيانات في وقت قصير. وتساعد قوة الحوسبة هذه على إدارة البيانات المنظمة وغير المنظمة على حد سواء، وهي مهمة تستغرق وقتًا طويلًا جدًا ليقوم بها الإنسان، حيث تقوم الخوارزميات بتحليل تاريخ حالات الخطر، وتحديد العلامات المبكرة للقضايا المستقبلية المحتملة.

الذكاء الاصطناعي فعال بشكل خاص في منع الاحتيال عند استخدام بطاقات الائتمان، والتي نمت وازدهرت بشكل كبير في السنوات الأخيرة، بسبب زيادة التجارة الإلكترونية والمعاملات عبر الإنترنت. حيث تحلل أنظمة الكشف عن الاحتيال سلوك العملاء وموقعهم وعادات الشراء وتطلق آلية أمنية عندما يبدو شيء ما خارج النظام المتوقع، ويتعارض مع نمط الإنفاق القائم.

وتستخدم البنوك أيضًا الذكاء الاصطناعي للكشف عن جرائم متنوعة، وكذلك منع الجرائم المالية الخطيرة والأكثر انتشارًا ألا وهي غسيل الأموال. حيث تتعرف الآلات على الأنشطة المشبوهة وتساعد على خفض تكاليف التحقيق في مخططات غسل الأموال المزعومة.

تراقب أنظمة التداول الذكية كلًا من البيانات المنظمة (قواعد البيانات وجداول البيانات وما إلى ذلك) والبيانات غير المنظمة (وسائل التواصل الاجتماعي والأخبار وما شابه ذلك) في جزء صغير من الوقت مقارنةً بالوقت الذي يحتاجه الإنسان لمعالجة ذلك. المعالجة الأسرع تعني اتخاذ قرارات أسرع، وهذا بدوره يعني معاملات أسرع.

يُتيح التعرف الذكي على الأحرف إمكانية أتمتة مجموعة متنوعة من المهام المملة التي تستغرق وقتًا طويلًا والتي كانت تستغرق آلاف ساعات العمل وتضخيم كشوف المرتبات.

يتحقق البرنامج المدعوم بالذكاء الاصطناعي من البيانات ويُنشئ التقارير وفقًا للمعايير المحددة، ويراجع المستندات، ويستخرج المعلومات من النماذج (التطبيقات والاتفاقيات، وما إلى ذلك).

تعد التوقعات الخاصة بتطبيقات الذكاء الاصطناعي التي ستدخل قريبًا في الخدمات المالية موضوعًا ساخنًا هذه الأيام، ولكن هناك شيء واحد مؤكد، وهو أن الذكاء الاصطناعي يُعيد تشكيل المشهد التجاري في الصناعة المالية بسرعة عالية.

الأجهزة المستقلة

إن أفضل وصف يمكن لي أن أصف به أجهزة المستقبل هو «الأجهزة المستقلة». كل شيء مستقل لا يعني فقط المركبات المستقلة. هذا يعني أنه يمكن أن يكون لدينا أنظمة وعمليات مستقلة من جميع الأنواع. إن الجمع بين رؤية الكمبيوتر (computer vision) وتعلم الآلة (machine learning) ومعالجة اللغات الطبيعية (natural languages processing) والتحليلات التنبؤية (predictive analytics) وعالم أجهزة الاستشعار والأجهزة الذكية (intelligent sensors and devices) يعني أن الأنظمة المستقلة من جميع الأنواع ستغمرنا وتغطينا، وستنشر أجنحتها بغض النظر عن رأينا فيها، كما ينشر الليل أجنحته رغمًا عن ضوء الشمس.

القيادة الذاتية هي واحدة من مجالات التطبيق الرئيسية للذكاء الاصطناعي. فقد تم تجهيز المركبات المستقلة (Autonomous vehicles) بأجهزة استشعار متعددة مثل الكاميرات والرادارات والليدار (الليدار هو جهاز مشابه للرادار في مبدأ العمل، لكنه يستخدم الضوء بدلًا عن موجات الراديو، يتم إرسال نبضة ليزر من جهاز الإرسال فتنعكس جسيمات الضوء «الفوتونات» عائدة إلى جهاز الاستقبال) مما يساعد المركبة على فهم المناطق المحيطة بها بشكل أفضل. تولد أجهزة الاستشعار (Sensors) كمية هائلة من البيانات. ولفهم البيانات التي تولدها هذه المستشعرات، تحتاج المركبات ذاتية القيادة إلى جهاز كمبيوتر فائق السرعة، له القدرة على معالجة البيانات بسرعة عالية جدًا يمكن أن يقال عنها «شبه لحظية».

تعتمد الشركات التي تُطور أنظمة المركبات المستقلة بشكل كبير على الذكاء الاصطناعي، من خلال تعلم الآلة والتعلم العميق، لمعالجة الكميات الهائلة من البيانات بكفاءة ولتدريب أنظمة القيادة الذاتية والتحقق منها.

تقوم شركات صناعة السيارات بالفعل بدمج الذكاء الاصطناعي في المركبات لتحليل حالات القيادة وتوفير الواقع المعزز للسائقين عبر شاشات عرض للمساعدة على تجنب الحوادث. تعمل هذه الأنظمة من خلال الحكم على تباطؤ المركبات القريبة، أو تحليل سياق علامات الطرق، أو استخدام أجهزة استشعار إضافية لتعزيز التنقل في الضباب المنخفض الرؤية. حتى أن صانعي السيارات قد دمجوا تقنية آمنة جدًا والتي يمكنها كبح السيارة لتجنب الاصطدامات إذا فشل السائق في التصرف.

أصبح الذكاء الاصطناعي، وخاصة الشبكات العصبية والتعلم العميق، ضرورة مطلقة لجعل المركبات المستقلة تعمل بشكل صحيح وآمن. فالذكاء الاصطناعي هو المجال الأساسي في صناعة المركبات ذاتية القيادة، حيث لن تكون هناك حاجة لعجلة القيادة (steering wheel) أو دواسة الوقود (accelerator) أو الفرامل (brakes).

اللغة والتواصل الاجتماعي

تتمتع أنظمة الذكاء الاصطناعي بتأثير كبير على كيفية التواصل والاختلاط مع بعضنا البعض. فالبشر مخلوقات اجتماعية بشكل لا يصدق، ومن أكبر التطورات التي تمخضت عن تكنولوجيا تعلم الآلة الترجمة الآلية، التي يمكن أن تساعد البشر على فهم العديد من اللغات والتواصل معها.

في المستقبل الذي سيلعب الذكاء الاصطناعي دورًا مهمًا فيه، سيكون البشر قادرين على التحدث والتفاعل مع بعضهم البعض باللغة الأصلية التي يختارونها، دون الحاجة إلى القلق بشأن سوء النوايا. ستكون نماذج وأجهزة تعلم الآلة قادرة على فهم السياق والفروق الدقيقة والعامية التي تساعد على سد فجوات التواصل البشري. سيُسهل ذلك على الأشخاص الذين يتحدثون لغتين مختلفتين ولا يفهمون بعضهم البعض، فسيكونون قادرين على إجراء محادثة سواء كانت للعمل أو للسفر.

سيساعدنا الذكاء الاصطناعي على الاستمرار في تلبية حاجاتنا للتواصل مع الآخرين بطرق ذات معنى. لقد غيّرت الهواتف المحمولة والإنترنت تمامًا الطريقة التي نتفاعل بها مع الآخرين ومع العالم من حولنا. الآن نحمل معنا الأجهزة المتصلة بشبكة الإنترنت باستمرار والتي يمكنها الوصول إلى المعلومات في جميع أنحاء العالم.

إن تكنولوجيا معالجة اللغة الطبيعية (Natural Language Processing) هي فرع من الذكاء الاصطناعي الذي يتعامل مع عملية التفاعل بين أجهزة الكمبيوتر والبشر باستخدام اللغة البشرية. وهي التقنية المستخدمة لمساعدة أجهزة الكمبيوتر على فهم لغة الإنسان. إن عملية تعليم الآلة لتفهم كيف نتواصل نحن البشر فيما بيننا ليست عملية سهلة. فمعالجة اللغات من المشاكل الصعبة في علوم الكمبيوتر بسبب طبيعة اللغة البشرية. ولكن الذكاء الاصطناعي يمكن له أن يجعل الكمبيوتر قادرًا على تحديد الكلمة أو العبارة أو الاستجابة المناسبة باستخدام أدلة السياق.

يمكن أن يكون التفاعل النموذجي بين البشر والآلات باستخدام تقنية معالجة اللغات الطبيعية على النحو التالي: في بداية الأمر يتحدث الإنسان إلى الآلة (الجهاز) وبعد أن يلتقط الجهاز الصوت عن طريق أجهزة الاستشعار يتم تحويله إلى نص مكتوب، ليتمكن الجهاز من التعامل معه ومعالجته، وبعد الانتهاء من المعالجة يتم تحويل النص مرة أخرى إلى صوت، بعدها تستجيب الآلة للإنسان عن طريق تشغيل الملف الصوتي. إن قدرة البشر على التفاعل مع أنظمة الذكاء الاصطناعي بشكل فعال من خلال المحادثة اللفظية، ستسمح للعلماء بتضمين التكنولوجيا في الأشياء من حولنا، سواء كان لديهم شاشة أو لا.

من أهم التطبيقات الشائعة في تقنية معالجة اللغات الطبيعية هي برنامج Google Translate ومعالجة النصوص في برنامج Microsoft Word للتحقق من الدقة الإملائية والنحوية للنصوص، وبرامج الإكمال التلقائي للكلمات والتصحيح الذاتي للأخطاء كما في محركات البحث والرسائل النصية. وكذلك تطبيقات الاستجابة الصوتية التفاعلية (Interactive Voice Response) المستخدمة في مراكز الاتصال للاستجابة لطلبات بعض المستخدمين. بالإضافة إلى تطبيقات المساعد الشخصي الافتراضي مثل برامج Alexa, Cortana, Siri, OK Google.

لقد أجمع الخبراء في هذا المجال، على أنه في غضون ثلاث إلى خمس سنوات، سيجعل التقدم في الذكاء الاصطناعي قدرات التحدث لأجهزة الكمبيوتر أكثر تعقيدًا إلى حد كبير، مما يُمهد الطريق لتغيير كبير في الحوسبة. ويكمن المفتاح في مساعدة الآلات على إتقان العنصر الحاسم للمحادثة الفعالة، ألا وهو السياق. إن تزويد أجهزة الكمبيوتر بالسياق ليس تمرينًا بسيطًا، إنها مشكلة معقدة. يجرب علماء الكمبيوتر من خلالها العديد من الحلول المحتملة والمختلفة.

حيث يقول غابي زيجدرفيلد رئيس التسويق في شركة Affectiva وهي شركة مختصة بالتكنولوجيا: «ستكون تفاعلاتنا أكثر حوارية، ومتعددة الوسائط. ستتمكن التطبيقات من التقاط إيماءاتنا وتعبيرات الوجه وعواطفنا وما يُقال في صوتنا».

المنزل الذكي

المنزل الذكي (smart home) عبارة عن مسكن يستخدم الأجهزة المتصلة بالإنترنت لتمكين المراقبة عن بُعد للأجهزة والأنظمة، مثل الإضاءة والتدفئة. توفر تقنية المنزل الذكي، والتي يشار إليها أيضًا باسم التشغيل الآلي للمنزل (home automation) لأصحاب المنازل الأمان ووسائل الراحة والرفاهية وكفاءة الطاقة. وتتحكم هذه التقنية في الأجهزة الذكية، غالبًا من خلال تطبيقات الهاتف الذكي أو أي جهاز متصل بالشبكة. وفي أكثر الأحيان، تعمل تقنية إنترنت الأشياء، وأنظمة المنزل الذكي والأجهزة معًا، بالإضافة إلى مشاركة بيانات استخدام المستهلك فيما بينها وأتمتة الإجراءات والأنشطة والأداء بناءً على تفضيلات أصحاب المنازل.

دخلت هذه التكنولوجيا تقريبًا كل جانب من جوانب الحياة إلى أن وصلت المساحة المنزلية كالمصابيح الكهربائية وغسالات الصحون والتلفزيون الذكي. حيث تتصل أجهزة التلفزيون الذكية بالإنترنت للوصول إلى المحتوى من خلال التطبيقات، مثل الفيديو والموسيقى عند الطلب. تتضمن بعض أجهزة التلفزيون الذكية أيضًا التعرف على الصوت أو الإيماءات.

بالإضافة إلى قدرتها على التحكم عن بعد، يمكن لأنظمة الإضاءة الذكية، اكتشاف وجود الأشخاص في الغرفة وتعديل الإضاءة حسب الحاجة. ويمكن للمصابيح الذكية أيضًا تنظيم نفسها بناءً على مقدار وكمية ضوء النهار الموجود في الغرفة.

تأتي أجهزة الثرموستات الذكية مزودة بشبكة Wi-Fi مدمجة، مما يتيح للمستخدمين تحديد درجات حرارة المنزل ومراقبتها والتحكم بها عن بُعد. وتتمكن هذه الأجهزة أيضًا من تعلم سلوكيات أصحاب المنازل وتعديل الإعدادات تلقائيًا لتزويد المقيمين في المنزل بأقصى قدر من الراحة والكفاءة. فيمكن للثرموستات الذكية أيضًا الإبلاغ عن كمية استهلاك الطاقة وتذكير المستخدمين بتغيير (الفلاتر) مثلًا.

باستخدام الأقفال الذكية، يمكن للمستخدمين منح إمكانية الدخول إلى المنزل أو منع الأشخاص غير المخولين من الدخول. يمكن للأقفال الذكية أيضًا اكتشاف وتحديد الوقت الذي يكون فيه أصحاب البيت قريبين من الأبواب لكي يتم فتح الأبواب لهم تلقائيًا.

باستخدام الكاميرات الأمنية الذكية، يمكن للمقيمين مراقبة منازلهم عندما يكونون بعيدين أو في إجازة سفر. في حين أن أجهزة استشعار الحركة الذكية قادرة أيضًا على تحديد الفرق بين المقيمين والزوار والحيوانات الأليفة واللصوص، ويمكنها إخطار السلطات إذا تم الكشف عن سلوك مريب.

وتتوفر أدوات المطبخ بجميع الأنواع، بما في ذلك آلات صنع القهوة الذكية التي يمكن أن تُجهز لك كوبًا ساخنًا بمجرد أن ترن ساعة المنبه الخاصة بك. وثلاجات ذكية تتعقب تواريخ انتهاء الصلاحية، أو تُنشئ قوائم تسوّق أو حتى وصفات استنادًا إلى المكونات المتوفرة حاليًا، بالإضافة إلى الغسالات والمجففات.

واحدة من أكثر الفوائد المرغوبة لأتمتة المنزل هي توفير راحة البال لأصحاب المنازل، مما يسمح لهم بمراقبة منازلهم عن بعد، ومواجهة المخاطر. ومنها على سبيل المثال، لو أن أحد الأجهزة الكهربائية تم نسيانه يعمل، أو ترك الباب الرئيسي مفتوحًا. كما أن العلاجات الآلية مفيدة لكبار السن، وتُمكن هذه المراقبة كبار السن على البقاء في المنزل بشكل مريح وآمن، بدلًا من الانتقال إلى دار رعاية أو طلب رعاية منزلية على مدار الساعة طوال أيام الأسبوع.

كما تُساعد الأتمتة المنزلية المستهلكين على تحسين الكفاءة. بدلًا من ترك مكيف الهواء طوال اليوم، يمكن لنظام المنزل الذكي معرفة سلوكياتك والتأكد من تبريد المنزل عند وصولك من العمل. وينطبق الشيء نفسه على الأجهزة المنزلية الأخرى. ومع نظام الري الذكي، لن يتم ري حديقتك إلا عند الحاجة وبكمية المياه اللازمة. ومن خلال التشغيل الآلي للمنزل، يتم استخدام الطاقة والمياه والموارد الأخرى بشكل أكثر كفاءة، مما يساعد على توفير كل من الموارد الطبيعية والمال.

يتم نشر واستعمال العديد من نفس التقنيات الذكية المستخدمة في المنزل الذكي في المباني الذكية، بما في ذلك الإضاءة والطاقة والتدفئة وتكييف الهواء، وأنظمة الأمن. حيث تقوم

المؤسسات والمباني التجارية والصناعية والسكنية من جميع الأشكال والأحجام -بما في ذلك المكاتب وناطحات السحاب والمباني السكنية والمكاتب والمساكن المتعددة المستأجرين- باستخدام تقنيات إنترنت الأشياء لتحسين كفاءة البناء وخفض تكاليف الطاقة، وتقليل التأثير البيئي، وضمان الأمن، وكذلك الحصول على رضا المقيمين والعاملين في هذا المبنى.

فعلى سبيل المثال، يمكن للمبنى الذكي أن يقلل من تكاليف الطاقة باستخدام أجهزة الاستشعار التي تكشف عن عدد الأشخاص في الغرفة. ويمكن ضبط درجة الحرارة تلقائيًا، وتشغيل أجهزة التبريد إذا اكتشفت المستشعرات بأن هناك أشخاص في غرفة الاجتماعات، أو إطفاء كافة الأجهزة غير اللازمة بعد عودة كل من في المكتب إلى منازلهم.

الأنظمة الخبيرة

يمكننا القول إن الأنظمة الخبيرة (Expert Systems) التابعة لتكنولوجيا الذكاء الاصطناعي هي تطبيقات حاسوبية (Software). أي أن النظام الخبير هو برنامج كمبيوتر مصمم لحل المشكلات المعقدة وتوفير القدرة على اتخاذ القرار مثل خبير بشري. يقوم بذلك عن طريق استخلاص الخبرة من قاعدة المعرفة (knowledge base) الخاصة به باستخدام قواعد الاستدلال والمنطق وفقًا لمُدخلات المستخدم.

قاعدة المعرفة هي نوع من الذاكرة التي تُخزَّن فيها المعرفة المكتسبة من مختلف الخبراء في مجال معين. وتُعتبر بمثابة مخزن كبير للمعرفة، وكلما زادت قاعدة المعرفة، كان النظام الخبير أكثر دقة. وهي تشبه قاعدة البيانات التي تحتوي على معلومات ومبادئ مجال أو موضوع معين.

هناك الكثير من الخبراء البشر في كل مجال، ولديهم مهارات مختلفة وخبرات متنوعة، لذلك ليس من السهل الحصول على نتائج نهائية للأسئلة والاستفسارات. ولكن إذا وضعنا المعرفة والخبرة المكتسبة من عدد كبير من خبراء البشر داخل الأنظمة الخبيرة، فإنها ستُقدم مخرجات ونتائج فعالة من خلال مزج كل الحقائق والمعرفة. حيث تأخذ هذه الأنظمة في الاعتبار جميع الحقائق والبيانات والمعلومات للرد على أي استفسار، فإنها تفحص وتنظر في جميع البيانات المتاحة لها وتقدم النتيجة وفقا لذلك. وفي المقابل قد لا ينظر خبير بشري في بعض الحقائق أو البيانات لأي سبب من الأسباب.

وتعمل التحديثات المنتظمة والمستمرة على تحسين أداء هذه الأنظمة الخبيرة، فإذا كانت هناك مشكلة في النتيجة التي تقدمها هذه الأنظمة، فيمكننا تحسين أداءها من خلال التحديث المستمر لقاعدة المعرفة.

يُطلق هذا الاسم على هذه الأنظمة لأنها تحتوي على معرفة وتجارب الخبراء في مجال معين، ويمكنها حل أي مشكلة معقدة في هذا المجال المحدد. ويتم تصميم هذه الأنظمة لحقل معين، مثل الطب أو العلوم وما إلى ذلك. ويعتمد أداء نظام الخبير على خبرة وتجارب ومعرفة الخبير المخزّنة في قاعدة معارفه (knowledge base). أحد الأمثلة الشائعة على الأنظمة الخبيرة هو اقتراح الأخطاء الإملائية أثناء الكتابة في محرك البحث Google.

وبمساعدة هذه الأنظمة، يمكننا حل المشاكل المعقدة. فلديها مستوى من الذكاء البشري والخبرة. وتملك بعض الخصائص كالموثوقية والأداء العالي والاستجابة السريعة ودرجة أمن عالية وذاكرة بلا حدود. بالإضافة إلى أنها لا تتأثر بالعواطف والمشاعر البشرية مثل الإرهاق والغضب والاكتئاب والقلق، ومن ثم سيبقى الأداء ثابتًا.

وتُقدم هذه الأنظمة المشورة للإنسان للاستعلام عن أي مجال من مجالات الأنظمة الخبيرة المحدد. ومساعدة الإنسان في اتخاذ القرارات، فلها القدرة على اتخاذ القرار في أي مجال، مثل اتخاذ قرارات مالية، أو قرارات في مجال العلوم الطبية. ولها القدرة على الشرح والبرهنة، واستخلاص الحل، والتشخيص، وتوقع النتائج، وتبرير الاستنتاجات، واقتراح خيارات بديلة لمشكلة ما.

الفصل السادس

مخاوف الذكاء الاصطناعي

هناك دائمًا مخاوف عامة عند إدخال التكنولوجيا الرائدة لأول مرة. فالعديد من الناس لديهم مخاوف من الروبوتات. والأفلام التي تصور لنا الروبوتات شديدة الذكاء، تُثير المخاوف من أن الآلات ستتولى زمام الأمور، ومع ذلك يتجاهل معظم الناس الروبوتات التي تؤثر بالفعل على حياتهم اليومية. مَنْ الذي لا يُقدّر ما تقدمه الأجهزة من خدمات، مثل غسالات الملابس أو غسالات الصحون؟ إنها تقوم بكل العمل الشاق من أجل راحتنا وتفعل ذلك بدون شكوى.

من الصعب التعرف على آثار التكنولوجيا. فالذكاء الاصطناعي يحيط بنا بالفعل، في أجهزتنا وسياراتنا ومنازلنا. نحن نراكم القدرات والتقنيات ونأخذها كأمر مُسلّم به مقابل الحصول على فوائدها. ولكن من الجيد التوقف ومحاولة التفكير في إمكانية حدوث ضرر يأتي من هذه التقنيات.

شهدت السنوات الأخيرة تحسينات كبيرة في الذكاء الاصطناعي، مع إمكانية تحقيق المزيد من التحسينات المثيرة في العقود القادمة. فعلى المدى القصير والمدى الطويل، يجب تطوير الذكاء الاصطناعي في اتجاه آمن ومفيد للبشرية. ثم إن الذكاء الاصطناعي يثير في نفس الوقت مخاوف على المدى القريب في كثير من المجالات كالخصوصية والتحيز وعدم المساواة والسلامة والأمن.

من الصحيح القول إنه يمكن إساءة استخدام أي تقنية قوية. لكن في نفس الوقت يتم استخدام الذكاء الاصطناعي اليوم لأسباب جيدة عديدة بما في ذلك مساعدتنا على إجراء تشخيصات طبية أفضل، وإيجاد طرق جديدة لعلاج السرطان وجعل سياراتنا أكثر أمانًا.

ولكن لسوء الحظ، مع توسع قدراتنا في الذكاء الاصطناعي سنرى أيضًا أنها تُستخدم لأغراض خطيرة أو ضارة. ونظرًا لأن تكنولوجيا الذكاء الاصطناعي تتقدم بسرعة كبيرة،

فمن الحيوي بالنسبة لنا أن نبدأ في مناقشة أفضل الطرق لتطوير الذكاء الاصطناعي بشكل إيجابي مع تقليل إمكانياتها التدميرية.

فمع استمرار الذكاء الاصطناعي في تولي المزيد من الوظائف، هناك نقاشات كبيرة حول أخلاقيات الذكاء الاصطناعي وما إذا كان يجب على الحكومات التدخل لمراقبة النمو وتنظيمه. يمكن للذكاء الاصطناعي تغيير العلاقات البشرية، وزيادة التمييز، وغزو الخصوصية الشخصية، وتشكيل تهديدات أمنية من خلال الأسلحة المستقلة، واشتراكه في بعض سيناريوهات نهاية العالم.

مجال الوظائف

حذر رجل الأعمال وعالم الكمبيوتر الأمريكي كاي فو لي قائلًا: «الكثير من الناس سوف يتضرر بشدة من التشرد الوظيفي، ويقدر نسبتهم بمقدار 50٪ من العالم وخاصة أصحاب الدخل والتعليم المحدود. حيث سيتم استبدال الوظائف بالذكاء الاصطناعي وبالأخص وظائف المهام والأعمال الروتينية، لأن الذكاء الاصطناعي يمكنه أن يتعلم كيفية تحسين نفسه. تشير التقديرات إلى أن أتمتة الاعمال التي تعتمد على الذكاء الاصطناعي ستخفض أكثر من 9 ملايين وظيفة تصنيع في الولايات المتحدة وحدها. حيث تستخدم شركات التصنيع تقنيات الذكاء الاصطناعي من أجل استخدام أكثر ذكاءً لمواردها. ومن هذه الوظائف على سبيل المثال وظيفة غسل الأطباق وقطف الثمار والرد على مكالمات خدمة العملاء، فهي أعمال ومهام روتينية ومتكررة بطبيعتها. ففي غضون خمسة إلى خمسة عشر عامًا سيتم تشريدهم من قبل الذكاء الاصطناعي».

لهذا فمن المحتمل أن يحل الذكاء الاصطناعي محل الوظائف التي تنطوي على مهام حل المشكلات المتكررة أو الأساسية، بل يتجاوز القدرة البشرية الحالية. وستتخذ أنظمة الذكاء الاصطناعي قرارات بدلًا من البشر في الأماكن الصناعية وأدوار خدمة العملاء وداخل المؤسسات المالية. سيكون القرار الآلي مسؤولًا عن مهام مثل الموافقة على القروض، وتحديد الفساد والجرائم المالية.

يقول البروفسور الراحل ستيفن هوكينج، الفيزيائي الأكثر شهرة: «لقد أدت عمليات التشغيل الآلي (الأتمتة) للمصانع إلى تدمير الوظائف في التصنيع التقليدي، ومن المرجح

أن يؤدي صعود الذكاء الاصطناعي إلى توسيع هذا التدمير الوظيفي إلى الطبقات الوسطى، مع بقاء الأدوار الأكثر إبداعًا وإشرافًا فقط»

إن الذكاء الاصطناعي الضيق (Narrow Artificial Intelligence) هو الشكل الوحيد للذكاء الاصطناعي الذي حققته البشرية حتى الآن. بشكل أساسي، فإن الذكاء الاصطناعي الضيق جيد في أداء مهمة واحدة محددة مسبقًا بهدف محدد. مثل لعب الشطرنج، أو تقديم اقتراحات الشراء، أو الترجمة بين اللغات، أو اقتراح أي صديق لوضع علامة عليه في صورة معينة على Facebook. ومن ثم، فإن الذكاء الاصطناعي الضيق ممتاز في أداء الوظائف الروتينية، وهذا ما يهدد العديد من وظائف اليوم.

ولهذا فعلى الذين يملكون وظائف تعتمد على التكرار والروتين أن يتعلموا مهارات جديدة حتى لا يخسروا عملهم. فوحدها شركة أمازون العملاقة تستخدم في الوقت الحالي أكثر من 100 ألف روبوت. وما تزال وظائف عمليات التعبئة يتم إنجازها من قبل البشر، لكن هذا الأمر لن يدوم طويلًا. فقد بدأت هذه الشركة تُقدم لموظفيها المال للتدريب على وظائف في شركات أخرى.

تقول البروفسورة في علوم الكمبيوتر كلارا نهارستيد التي تعمل في جامعة إلينويس في شيكاغو: «من الشروط المسبقة لنجاح الذكاء الاصطناعي في العديد من المجالات هو أن نستثمر بشكل هائل في التعليم لإعادة تدريب الناس على وظائف جديدة». وهي قلقة جدًا من عدم حدوث ذلك على نطاق واسع أو بما يكفي لحل مشكلة البطالة التي ستحدث. لهذا فهي تنصح الناس والجيل الجديد حيث تقول: «يحتاج الناس إلى تعلم البرمجة مثلما يتعلمون لغة جديدة، ويحتاجون إلى القيام بذلك في أقرب وقت ممكن لأن هذا هو المستقبل. ففي المستقبل إن كنت لا تعرف البرمجة فالحياة ستصبح أكثر صعوبة بالنسبة لك».

فمن خلال الجمع بين الذكاء الاصطناعي وتكنولوجيا إنترنت الأشياء (Internet of Things) تعمل الشركات على تقليل التكاليف، وتحسين الإنتاجية، وخلق وظائف أكثر تخصصًا.

الخصوصية والبيانات الشخصية

للذكاء الاصطناعي القدرة على إحداث ثورة في المجتمعات، حيث يعد الذكاء الاصطناعي وتطبيقاته جزءًا من الحياة اليومية، من أخبار وسائل التواصل الاجتماعي إلى

أخبار تدفق حركة المرور في المدن، ومن السيارات المستقلة إلى الأجهزة الاستهلاكية المتصلة بالإنترنت، وأنظمة التعرف على الصوت، ومحركات البحث. ولكن هناك خطرًا حقيقيًا من أن استخدام أدوات جديدة معتمدة على الذكاء الاصطناعي من قبل الدول أو الشركات سيكون له تأثير سلبي على خصوصية الإنسان وحقوقه.

غالبًا ما يتم تجهيز المنتجات الاستهلاكية والأنظمة المستقلة التي تعتمد على الذكاء الاصطناعي بأجهزة استشعار، هي التي تُولد وتجمع كميات هائلة من البيانات دون علم أو موافقة من هم بالقرب منها. تُستخدم أساليب الذكاء الاصطناعي لتحديد الأشخاص الذين يرغبون في عدم الكشف عن هويتهم، ولاستنتاج وتوليد معلومات حساسة عن الناس من البيانات غير الحساسة، ولتحديد ملامح الناس على أساس البيانات الخاصة بمقياس ومستوى السكان، واتخاذ قرارات تبعية باستخدام هذه البيانات، حيث إن بعض هذه القرارات يؤثر بشكل عميق على حياة الناس.

إن اعتماد الذكاء الاصطناعي على البيانات الضخمة ليؤثر بالفعل على الخصوصية بشكل كبير، ويناقش النقاد هذه المسألة على أساس أنه بدون اللوائح المناسبة والقيود والتحديدات المفروضة ذاتيًا فإن الوضع سيزداد سوءًا. فالشركات تجمع كل شيء عن الفرد عن طريق الإنترنت (ملفات تعريف شخصية) ويحاولون استثمار هذه البيانات والاستفادة منها، دون احترام القيم الإنسانية، بما في ذلك الخصوصية الشخصية. ويرى بعض المُنتقدين لهذه السياسة أن المخاطر ستكون كبيرة وجسيمة.

تُعتبر وسائل التواصل الاجتماعي من خلال خوارزمياتها المستقلة فعالة للغاية في التسويق المستهدف. إنهم يعرفون من نحن وماذا نحب وهم مبدعون بشكل لا يصدق في تخيل ما نفكر فيه. فيمكن عن طريق الذكاء الاصطناعي استهداف الناس ونشر أي معلومات يريدونها، وبشكل أكثر إقناعًا للأشخاص المُستهدفين، سواء أكانت تلك المعلومات حقيقة أم خيالًا.

المعرفة المنتشرة من خلال الحوسبة تعني المراقبة المنتشرة. إننا لا نريد أن تعرف الأنظمة مكاننا وما نقوم به، ومع ذلك فنحن نقدم هذه المعلومات بحرية من خلال هواتفنا المزودة بنظام تحديد المواقع العالمي (GPS) والمتصلة بوسائل التواصل الاجتماعي بالكاميرات. في حين أننا قد نتهم الحكومات أو الشركات بتتبعنا دون موافقتنا، إلا أننا بالفعل نقدم

هذه المعلومات بحرية في مقابل جميع وسائل الراحة الحديثة التي يوفرها هذا الاتصال الواسع الانتشار.

يمكن استخدام تطبيقات الذكاء الاصطناعي لتحديد الأفراد وتتبعهم عبر الأجهزة المختلفة، في منازلهم وفي العمل وفي الأماكن العامة. على سبيل المثال، التعرف على الوجه هو وسيلة يمكن من خلالها تتبع الأفراد وتحديدهم في الأماكن العامة.

وقد يؤدي تحديد الهوية واتخاذ القرار الآلي إلى نتائج غير عادلة أو تمييزية أو متحيزة. يمكن أن يُساء تصنيف الأشخاص أو يُساء تعريفهم أو يُحكم عليهم سلبًا، وقد تؤثر هذه الأخطاء أو التحيزات بشكل غير عادل على مجموعات معينة من الأشخاص. ونظرًا لأن الأجهزة يمكنها جمع وتتبع وتحليل الكثير عنك، فمن الممكن جدًا لتلك الأجهزة استخدام هذه المعلومات ضدك.

أصبح من الممكن الآن تتبع وتحليل كل حركة يقوم بها الفرد عبر الإنترنت وكذلك عندما يقوم بأعماله اليومية. الكاميرات في كل مكان تقريبًا، وخوارزميات التعرف على الوجه تعرف من أنت. في الواقع، أن هذا هو نوع المعلومات التي ستعمل على تشغيل نظام الائتمان الاجتماعي الصيني الذي من المتوقع أن يمنح كل واحد من مواطنيه البالغ عددهم 1.4 مليار نسمة درجة شخصية بناءً على سلوكهم. عندما تراقبك الحكومة ثم تتخذ قرارات بناءً على تلك المعلومات، فإنه ليس فقط انتهاكًا للخصوصية، بل يمكن أن يتحول بسرعة إلى القمع الاجتماعي.

غالبًا ما يتعذر على الأشخاص فهم أنواع البيانات التي تنتجها أو تعالجها أو تشاركها أجهزتهم وشبكاتهم ومنصاتهم. مع إدخال الأجهزة الذكية والمتصلة بالإنترنت إلى منازلنا وأماكن العمل والأماكن العامة وحتى أجسامنا، أصبحت الحاجة إلى تثقيف الناس حول استغلال البيانات ملحة بشكل متزايد. فإن استخدامات الذكاء الاصطناعي لأغراض مثل تسجيل وتحليل بيانات سلوك الشخص وخصائصه النفسية، أو لتتبع وتحديد الأشخاص عبر الأجهزة حتى في الأماكن العامة، يُعتبر أمرًا غير مرغوب به لكثير من الناس.

من المرجح أن يُسرّع الذكاء الاصطناعي هذا الاتجاه. فمعظم تحليل البيانات الأكثر حساسية للخصوصية اليوم، مثل خوارزميات محركات البحث، معتمدة بشكل كامل على

تقنية تعلم الآلة. فمع تطور الذكاء الاصطناعي، ستزداد القدرة على استخدام المعلومات الشخصية بطرق يمكن أن تتدخل في مصالح خصوصية الإنسان.

لسنوات عديدة، كانت الشركات تفرض قيودًا قليلة على البيانات التي جمعتها من عملائها. ومع ذلك، فمع زيادة جمع البيانات الضخمة واستخدامها، ازداد سوء استخدام البيانات. لهذ يدعو الأشخاص الذين عانوا من سوء معاملة بياناتهم الشخصية أو وقعوا ضحية خرق للبيانات إلى قوانين حول شفافية جمع البيانات وخصوصية بيانات المستهلك.

التزييف العميق

يقول غاري ماركوس الرئيس التنفيذي لشركة Robust.AI والأستاذ في جامعة نيويورك: «أعتقد أننا ندخل عصرًا تزداد ثقتنا فيه بالآلات أكثر فأكثر، لكن الآلات لا تستحق هذه الثقة بعد، فهي لم تكتسب تلك الثقة. لا أعتقد أنه يمكننا العودة إلى الوراء وسحب الثقة من الآلات. لذا، نحتاج إلى صنع آلات يمكننا الوثوق بها. وهذا يستدعي التفكير في الذكاء الاصطناعي بشكل مختلف تمامًا عما يفعله الناس الآن».

يمكن للبعض إنشاء مقاطع فيديو زائفة تبدو حقيقية جدًا. فقد أصبحت التكنولوجيا المستخدمة لإنشاء مثل هذا المحتوى الرقمي في متناول الجميع، ويُطلق عليها التزييف العميق (deepfakes). أي يمكن استخدام هذه التكنولوجيا لخداع الناس، وجعلهم يعتقدون أن الأفلام المفبركة هي مقاطع فيديو حقيقية.

يُشير مصطلح التزييف العميق إلى مقاطع الفيديو التي تمت معالجتها أو أي تمثيلات رقمية أخرى ينتجها الذكاء الاصطناعي المعقد، والتي تنتج صورًا وأصواتًا ومقاطع فيديو ملفقة تبدو حقيقية!

تجمع كلمة التزييف العميق (deepfakes) بين مصطلحي التعلم العميق (deep learning) ومصطلح المزيف أو المُلفق (fake)، وهي شكل من أشكال الذكاء الاصطناعي. وبشكل مبسط فإن التزييف العميق هو مقاطع فيديو مزورة تم إنشاؤها عن طريق التعلم العميق. وهذا يعني أنه يمكن استخدام التكنولوجيا لجعل الناس يعتقدون أن الأشياء والأخبار غير الحقيقية حقيقية، وهذا هو الخطر الجسيم.

وبشكل أدق، يُستخدم المصطلح deepfakes عادةً للإشارة إلى مقطع فيديو تم تعديله باستخدام خوارزمية لاستبدال الشخص الموجود في الفيديو الأصلي بشخص آخر (خاصةً شخصية عامة) بطريقة تجعل الفيديو يبدو أصليًا.

يمكن لتقنية التعلم العميق من إنتاج عمل مزور ومزيف بصورة مقنعة بشكل تام، من خلال دراسة الصور ومقاطع الفيديو للشخص المستهدف من زوايا متعددة، ثم محاكاة سلوكه وأنماط وأساليب الكلام. وعلى الرغم من أنه يمكن استخدام الذكاء الاصطناعي في صناعة (deepfakes) إلا أنه يمكن استخدامه أيضًا لاكتشاف الأعمال المزيفة التي يتم إنتاجها. ولكن في الحقيقة تزداد صعوبة الكشف عن الأعمال المزيفة مع زيادة تقدم تقنية التزييف العميق، حيث تبدو مقاطع الفيديو أكثر واقعية.

من المحتمل أن يصبح الكشف عن التزييف العميق (deepfakes) مستحيلًا في المستقبل القريب نسبيًا، حيث تتحسن المناهج والخوارزميات التي تُولد محتوى رقميًا مزيفًا بشكل كبير. وجدير بالذكر أن طرق الكشف عن المحتوى المُزيف متشابهة إلى حد بعيد مع الطرق المُستخدمة في صنع الصوت والصورة والفيديو المُزيف.

ومع ذلك، غالبًا ما تكون هناك بعض العلامات المنبهة التي تميزها عن الواقع، في مقطع الفيديو المُزيف، قد تبدو الأصوات روبوتية بعض الشيء، أو قد تُحرك الشخصيات جفن العين أقل من المعتاد أو تكرر إيماءات اليد أكثر من الحقيقة.

يمكن أن يساعدنا الذكاء الاصطناعي في اكتشاف هذه التناقضات. أي أن مشكلة التزييف العميق التي أنتجت من خلال تكنولوجيا الذكاء الاصطناعي، يمكن الكشف عنها من خلال نفس التكنولوجيا.

التفرد

بينما تقف البشرية على حافة الثورة التكنولوجية الرابعة التي أثارتها البيانات الهائلة، فإن حجم ونطاق وتعقيد تأثير تطور الذكاء في الآلات لا يشبه أي شيء شهدته البشرية من قبل. ونتيجة لذلك، فإن السرعة التي تظهر بها الأفكار والابتكارات والاختراعات في ظل وكنف الذكاء الاصطناعي ليس لها سابقة تاريخية، وهو ما يُعطل كل شيء في النظام البيئي البشري بشكل أساسي.

لقد تم ابتكار مصطلح «الذكاء الاصطناعي» منذ حوالي 60 عامًا فقط. ومن أهم الموضوعات التي تم النظر فيها هو التفرد التكنولوجي (Technological Singularity)، وهو اللحظة التي تصل فيها الآلات إلى مستوى من الذكاء يتجاوز الذكاء البشري.

التفرد هو مصطلح رياضي (mathematical term) يستخدم في العديد من السياقات المختلفة. ففي التكنولوجيا، وتحديدًا في مجال الذكاء الاصطناعي، يكون لهذا المصطلح تأثير فلسفي واجتماعي وتكنولوجي بعيد المدى سيشكل مستقبل البشرية واتجاه التقدم التكنولوجي.

وعندما يصبح نظام الذكاء الاصطناعي أكثر قوة وتفوقًا، قد يصبح ذكيًا للغاية، متفوقًا على الأداء البشري في العديد أو جميع المجالات تقريبًا. وفي حين أن هذا قد يبدو مثل الخيال العلمي، يعتقد العديد من قادة الأبحاث أنه ممكن. ولئن كان ذلك ممكنًا، فقد يحدث تحولًا اقتصاديًا واجتماعيًا وسياسيًا مثل الثورة الصناعية. وقد يؤدي ذلك إلى تطورات إيجابية للغاية، ولكن من المحتمل أيضًا أن يُشكل مخاطر كارثية من الحوادث أو سوء الاستخدام.

يمكن أن يكون الذكاء الفائق ممكنًا خلال هذا القرن، ويمكن أن يؤدي إلى انقلاب في الموازين، وله عواقب سلبية، وربما تتاح لنا إمكانية القيام بعمل مفيد في الوقت الحالي. لذلك، فمن الجدير أن نأخذ هذه الأمور على محمل الجد وأن يُكرس بعض الناس جهدًا جديًا للتفكير في هذه المشكلة.

فيما إذا لو تم صنع آلة فائقة الذكاء، فلا بد أن تكون هذه الآلة سهلة الانقياد لإبقائها تحت السيطرة. فإذا حدث ذكاء اصطناعي عالي المستوى، فسيكون لذلك تأثير كبير على البشرية، خاصة على قدرة البشر وإمكانياتهم في التحكم بمصيرهم على الأرض. إذ يمثل فقدان السيطرة خطرًا كبيرًا، وربما خطرًا وجوديًا للبشرية.

يشترك البعض من الشخصيات البارزة في الذكاء الاصطناعي في سيناريو كابوس يتضمن ما يعرف بالتفرد (Singularity). حيث تتولى الآلات فائقة الذكاء زمام الأمور والسيطرة على العالم، وتُغير الوجود البشري بشكل دائم من خلال استعباد البشر أو استئصالهم!

التفرد التكنولوجي هو نقطة زمنية افتراضية، يصبح فيها النمو التكنولوجي لا يمكن السيطرة عليه ولا رجعة فيه. مما يؤدي إلى تغييرات غير متوقعة في الحضارة البشرية. ووفقًا

للنسخة الأكثر شيوعًا لفرضية التفرد والتي تُسمى انفجار الذكاء (Intelligence Explosion) فإن الآلة الذكية القابلة للترقية والتحديث ستدخل في نهاية المطاف في دورات التحسين والتطوير الذاتي، حيث تظهر -بسرعة فائقة- الأجيال الجديدة الأكثر ذكاءً، مما يتسبب بـما يُعرف بـ «انفجار الذكاء» الذي ينتج عنه ذكاء فائق وقوي من الناحية النوعية يتجاوز بكثير الذكاء البشري الحالي.

على الرغم من عدم تطلع الجميع إلى التفرد، يشعر بعض الخبراء بالقلق من أن الآلات فائقة الذكاء يمكن أن تُنهي البشرية. تأتي هذه التحذيرات من أمثال الفيزيائي النظري الراحل ستيفن هوكينج، حيث افترض أنه إذا تمكن الذكاء الاصطناعي بنفسه من تصميم أنظمة ذكاء اصطناعي أفضل من المبرمجين أنفسهم، فقد تكون النتيجة «آلات تفوق ذكائنا بأكثر من تفوق ذكائنا على ذكاء القواقع».

وقد أيّد تخوف ستيفن هوكينج كذلك، أحد المُختصين الآخرين وهو مارك جيونجيوسي الرئيس التنفيذي لشركة Intelligent Flying Machines حيث يقول: «لا يستبعد أي شيء حينما نتحدث عن الذكاء الاصطناعي، ففي مرحلة ما لن يحتاج البشر بعد الآن إلى تدريب الأنظمة والآلات، ستتعلم وتطور من تلقاء أنفسها».

لقد حفزت التكنولوجيا تطور الذكاء في الآلات. وجعلتنا الصلات بين الأفكار والابتكارات والاتجاهات في الواقع على عتبة التفرد. بغض النظر عما إذا كنا نعتقد أن التفرد سيحدث أو لا، فإن الفكرة نفسها تثير العديد من المخاوف والشكوك الأمنية الخطيرة والحرجة لمستقبل البشرية.

يقول الدكتور لويس روزنبرغ الرئيس التنفيذي لشركة Unanimous AI: «إن الذكاء الاصطناعي سيصبح واعيًا لذاته وسيتجاوز القدرات البشرية، وهي خاصية يشير إليها الكثير من الناس بأنها التفرد. لماذا أنا متأكد من أن هذا سيحدث؟ بكل بساطة، لقد توصلنا بالفعل إلى أنه يمكن إنشاء الذكاء الواعي من خلال تمكين أعداد هائلة من وحدات المعالجة البسيطة (أي الخلايا العصبية) لتشكيل شبكات من هذه الوحدات البسيطة (أي الأدمغة). في أوائل التسعينيات، عندما بدأتُ التفكير في هذه المسألة، اعتقدت أن الذكاء الاصطناعي سيتجاوز القدرات البشرية في حوالي عام 2050. وحاليًا، أعتقد أنه سيحدث في وقت أقرب من ذلك، ربما في وقت مبكر من عام 2030».

الكثير من كتب وأفلام الخيال العلمي تثير فكرة الذكاء الفائق، وتكشف أن أفضل طريقة لإنقاذ البشرية هي تدمير هذه الآلات أو حبسها جميعًا. بينما لا توجد طريقة لحساب كيف ومتى سيحدث تطور الذكاء هذا في الآلات، هناك شيء واحد واضح وهو أننا متجهون إلى تغييرات جسيمة وخطيرة، ومنها تغيير أساسيات الأمان، ويجب أن تكون الاستجابة لهذه التغييرات متكاملة وشاملة.

ليس هناك شك في أنه عندما يظهر ذكاء فائق من خلال الذكاء الاصطناعي، فإنه سيجلب من مهارات حل المشكلات والابتكار أكبر مما يستطيع البشر الحاليون. ولكن ألا يعني هذا أيضًا إنشاء نوع وجنس آخر يختلف عن الجنس البشري وبذكاء يفوق ذكاءنا. وهذا يقودنا إلى السؤال المهم جدًا: ماذا يحدث للذكاء البشري والجنس البشري عند نقطة التفرد؟

يوضح لنا البروفسور ماك تكمارك أستاذ الفيزياء في معهد MIT للتكنولوجيا والباحث الرائد في مجال الذكاء الاصطناعي الخلاف الذي سيحدث بين الذكاء الاصطناعي والبشر قائلًا: «إن التهديد الحقيقي من الذكاء الاصطناعي ليس بسبب الخُبث والمُكر، كما هو الحال في أفلام هوليوود السخيفة، بل بسبب الكفاءة! فالذكاء الاصطناعي يحقق أهدافًا لا تتماشى مع أهداف البشر».

في الحقيقة أن علينا ألا نقلق من الذكاء الاصطناعي الشرير أو الذي لا يتفق مع أفكارنا، بل علينا القلق من البشر الذين سيستخدمون الذكاء الاصطناعي، كنوع من استخدام القوة بشكل خاطئ أو متعمد. مثل السطو على البنوك والاحتيال على بطاقات الائتمان، واندلاع الحروب العالمية، والكثير من الجرائم الأخرى والعواقب الوخيمة. لهذا ينصح بعض العلماء بفهم ما نبتكره بصورة جيدة، وكيفية دمجه في المجتمع، حيث يرون أن هذا هو ما يحتاجونه بالفعل.

الفصل السابع
المجال العسكري

على الرغم من أن الذكاء الاصطناعي لم يدخل بعد الساحة القتالية بطريقة جادة، إلا أن الخبراء يتوقعون التأثير المحتمل الذي سيكون للذكاء الاصطناعي على مستقبل الحروب. سيكون هذا التأثير مبنيًا على العديد من العوامل، بما في ذلك معدل الاستثمار التجاري، والدافع للتنافس مع الخصوم الدوليين، وقدرة مجتمع البحث على تعزيز وتطوير كفاءة الذكاء الاصطناعي، والموقف العام للجيوش تجاه تطبيقات الذكاء الاصطناعي، وتطوير مفاهيم الذكاء الاصطناعي القتالية.

في حين أن العديد من المحللين والخبراء يعترفون بأن تكنولوجيا الذكاء الاصطناعي العسكرية في مرحلة الطفولة، فمن الصعب العثور على خبير يعتقد أن الذكاء الاصطناعي سيكون غير ذي أهمية على المدى الطويل. فعلى المدى القريب، سيتم استخدام الذكاء الاصطناعي في التطبيقات العسكرية لمساعدة صناع القرار في اتخاذ القرارات الحاسمة والخطيرة.

بالإضافة إلى ذلك، يعتقد بعض الخبراء أن عائلة الخوارزميات الحالية ستصل إلى إمكانياتها الكاملة والمثالية في غضون عشر سنوات أخرى، ولن يكون تطوير الذكاء الاصطناعي قادرًا على المضي قدمًا دون حدوث قفزات كبيرة في التقنيات الصناعية، مثل الرقائق الإلكترونية ذات الكفاءة العالية من ناحية الطاقة أو التقدم في الحوسبة الكمومية. فنحن نعيش في عصر من التقدم التكنولوجي السريع، حيث خيال الأمس هو المنتج المعتمد على نطاق واسع اليوم.

إن إدخال الذكاء الاصطناعي إلى ساحة المعركة يُغير بالفعل طريقة خوض المعارك، حيث ستصبح هذه التكنولوجيا حاسمة بشكل كبير في المستقبل. وسيُتيح الذكاء الاصطناعي للآلات التعلم من التجارب والتكييف مع البيانات الجديدة وأداء المهام الشبيهة بالإنسان.

وتساعد تقنيات التعلم العميق ومعالجة اللغة الطبيعية في تدريب أجهزة الكمبيوتر على إنجاز مهام محددة عن طريق معالجة كميات كبيرة من البيانات. لهذا يُنظر إلى هذه التكنولوجيا على أنها مفيدة للعمليات العسكرية.

سيتم استخدام الذكاء الاصطناعي لتحليل ساحة المعركة وتوفير معلومات الواقع المعزز للجنود عبر شاشات العرض وأنظمة التحكم في الأسلحة. ستُستخدم هذه الأنظمة لتحديد وتصنيف التهديدات، وتحديد أولويات الأهداف، وإظهار موقع القوات الصديقة والمسافات الآمنة حولها. ستأخذ هذه الأنظمة معلومات من أجهزة استشعار متعددة عبر ساحة المعركة لتكوين صورة تستند إلى معلومات لم يكن الجنود على دراية بها دون استخدام هذه التقنية. سيظل الجنود البشريون يسيطرون على غالبية الأعمال العسكرية على المدى القريب، لكن الذكاء الاصطناعي سيوفر تحليلات وتوصيات سهلة الفهم بناءً على مجموعات البيانات الضخمة التي لا يمكن فهمها بدون مساعدة من البشر.

ستسمح إمكانيات الذكاء الاصطناعي أيضًا بالتنسيق الآلي لتعيين الأهداف ذات الأولوية للجنود حيث يتم التخلص من جميع الأهداف بأكبر قدر ممكن من الكفاءة دون ضياع الوقت من خلال إشراك العديد من الجنود في الهدف نفسه.

اليوم أصبح الذكاء الاصطناعي جزءًا مهمًا من الحرب الحديثة. وبالمقارنة مع الأنظمة التقليدية، فإن الأنظمة العسكرية المُجهزة بالذكاء الاصطناعي قادرة على التعامل مع كميات أكبر من البيانات بشكل أكثر كفاءة. بالإضافة إلى ذلك، يعمل الذكاء الاصطناعي على تحسين التحكم في النفس، والتنظيم الذاتي، والتشغيل الذاتي لأنظمة القتال بسبب قدراته الحاسوبية واتخاذه للقرارات.

التمويل والدعم الدولي

يتم استخدام الذكاء الاصطناعي في كل تطبيق عسكري تقريبًا، ومن المتوقع أن تؤدي زيادة تمويل البحث والتطوير من وكالات البحث العسكرية لتطوير تطبيقات جديدة ومتقدمة للذكاء الاصطناعي إلى زيادة اعتماد الأنظمة التي تعتمد على الذكاء الاصطناعي في القطاع العسكري.

فعلى سبيل المثال، تمول وكالة مشاريع البحوث الدفاعية المتقدمة (DARPA) التابعة

لوزارة الدفاع الأمريكية تطوير نظام غواصات روبوتية، والذي يُتوقع استخدامها في تطبيقات تتراوح من الكشف عن الألغام تحت الماء إلى المشاركة في العمليات المضادة للغواصات. بالإضافة إلى ذلك، أنفقت وزارة الدفاع الأمريكية 7.4 مليارات دولار أمريكي على الذكاء الاصطناعي والبيانات الضخمة في السنة المالية 2017، في حين تراهن الصين على الذكاء الاصطناعي لتعزيز قدراتها الدفاعية ومن المتوقع أن تصبح الدولة الرائدة عالميًا في هذا المجال بحلول عام 2030. فالصين تُعد رائدة في العديد من الجوانب المتعلقة بالذكاء الاصطناعي، بما في ذلك الأوراق البحثية وعدد براءات الاختراع ورأس المال الاستثماري.

تقوم قوات الجيش من مختلف البلدان في جميع أنحاء العالم بدمج الذكاء الاصطناعي في الأسلحة والأنظمة الأخرى المستخدمة في المنصات البرية والبحرية والجوية والفضائية. فقد مكّن استخدام الذكاء الاصطناعي في الأنظمة القائمة على هذه المنصات من تطوير أنظمة حرب فعالة، والتي تعتمد بشكل أقل على العامل البشري. وقد أدى استخدام هذه التكنولوجيا أيضًا إلى زيادة التآزر وتعزيز الأداء لأنظمة الحرب، والتي تتطلب صيانة أقل. ومن المتوقع أيضًا أن يقوم الذكاء الاصطناعي بتمكين الأسلحة المستقلة وذات السرعة العالية من تنفيذ الهجمات التعاونية المشتركة.

يمكن أن تكون تكنولوجيا الذكاء الاصطناعي سيفًا ذا حدين. فلا يزال الكثير غير معروف عن الذكاء الاصطناعي وتكنولوجيا تعلم الآلة، وهذا هو السبب في أن العديد من البلدان المتطورة تتقدم بحذر عند اعتمادها لهذه التقنية، خاصة في الجيش.

التعرف على الهدف

يتم تطوير تقنيات الذكاء الاصطناعي لتعزيز دقة التعرف على الهدف (Target Recognition) في بيئات قتالية معقدة. تسمح هذه التقنيات لقوات الجيش باكتساب فهم متعمق لمناطق العمليات المحتملة من خلال تحليل التقارير والوثائق وغير ذلك من أشكال البيانات غير المنظمة. بالإضافة إلى ذلك، يعمل الذكاء الاصطناعي في أنظمة التعرف على الهدف على تحسين قدرة هذه الأنظمة في تحديد موضع أهدافها.

تتضمن إمكانيات أنظمة التعرف على الأهداف المُدعمة بالذكاء الاصطناعي التنبؤات القائمة على الاحتمالية لسلوك العدو، وتحليل الأحوال الجوية والظروف البيئية، وتوقع

الاختناقات أو نقاط الضعف المحتملة في خط الإمداد ووضع علامات عليها، وتقييم المهمة، واستراتيجيات التعديل المقترحة. وتُستخدم تقنية تعلم الآلة أيضًا لمعرفة الأهداف وتحديدها وتتبعها من خلال البيانات التي تم الحصول عليها.

الرعاية الصحية في ساحة المعركة

في مناطق الحرب، يمكن دمج الذكاء الاصطناعي مع الأنظمة الجراحية الروبوتية والمنصات الأرضية الآلية، لتوفير الدعم الجراحي عن بعد وأنشطة الإخلاء. وتشارك الولايات المتحدة على وجه الخصوص في تطوير أنظمة متنوعة للرعاية الصحية في ساحة المعركة. ففي ظل الظروف الصعبة، يمكن للأنظمة المجهزة بالذكاء الاصطناعي استخراج السجلات الطبية للجنود والمساعدة في التشخيص المعقد.

فعلى سبيل المثال، عقد فريق أبحاث واتسون التابع للشركة المعروفة IBM شراكة مع إدارة المحاربين القدامى في الولايات المتحدة لتطوير نموذج أولي للعقل السريري يعرف باسم محلل السجلات الطبية الإلكترونية. تم تصميم هذه التقنية الأولية باستخدام تقنيات تعلم الآلة لمعالجة السجلات الطبية الإلكترونية للمرضى وتحديد وترتيب مشاكلهم الصحية الأكثر خطورة تلقائيًا.

التدريب والاستطلاع

المحاكاة والتدريب هو مجال متعدد التخصصات يجمع بين هندسة النظم وهندسة البرمجيات وعلوم الكمبيوتر لإنشاء نماذج محوسبة لتعريف الجنود بأنظمة القتال المختلفة المنتشرة أثناء العمليات العسكرية. تستثمر الدول المتقدمة بشكل متزايد في الذكاء الاصطناعي، وعلى وجه التحديد في تطبيقات المحاكاة والتدريب لتحسين قدرات الجنود وتطوير إمكانياتهم القتالية.

تعتمد مراقبة التهديدات ومعرفة الأوضاع بشكل كبير على عمليات الاستخبارات والمراقبة والاستطلاع. ويتم استخدام عمليات الاستخبارات والمراقبة والاستطلاع للحصول على المعلومات ومعالجتها لدعم مجموعة من الأنشطة العسكرية.

يمكن تشغيل الأنظمة المستقلة المستخدمة لتنفيذ مهام الاستخبارات والمراقبة والاستطلاع عن بُعد أو إرسالها على مسار محدد مسبقًا. إن تجهيز هذه الأنظمة

بالذكاء الاصطناعي يساعد أفراد الجيش في مراقبة التهديدات، ومن ثم تعزيز معرفتهم وتحديث معلوماتهم.

يمكن للمركبات الجوية بدون طيار (UAV) والمعروفة أيضًا باسم drones المدمجة مع الذكاء الاصطناعي أن تقوم بدوريات في مناطق الحدود، وتحديد التهديدات المحتملة، ونقل المعلومات حول هذه التهديدات إلى فرق الاستجابة. ومن ثم فإن استخدام الطائرات بدون طيار يمكن أن يعزز أمن القواعد العسكرية، بالإضافة إلى زيادة سلامة وفعالية الأفراد العسكريين في المعارك أو في المواقع النائية.

الذكاء الاصطناعي مفيد بشكل خاص لمعالجة كميات كبيرة من البيانات بسرعة وكفاءة من أجل الحصول على معلومات قيمة. فيمكن أن يساعد الذكاء الاصطناعي في استخلاص المعلومات وتجميعها من مصادر البيانات المختلفة ومن ثم تحليلها. ويمكّن هذا التحليل المتقدم الأفرادَ العسكريين من التعرف على أحدث المعلومات ومن ثم تعزيز رؤيتهم ومساعدتهم على اتخاذ القرارات.

الإمداد والنقل

يتم استخدام اللوجستيات (Logistics) على نطاق أوسع للإشارة إلى عملية تنسيق ونقل الموارد كالأشخاص والمواد والمعدات من أحد المواقع إلى الواجهة المطلوبة. وقد نشأ مصطلح اللوجستيات في الجيش في إشارة إلى حركة المعدات والإمدادات للقوات في الميدان.

تشمل اللوجستيات في الجيش وظائف أكثر مما يدركه معظم الناس. ففي الحروب الحديثة، يعني ذلك كميات كبيرة من البيانات التي يتم غربلتها من أجل اتخاذ قرارات بشأن الإمداد والنقل والاتصالات وما إلى ذلك. يمكن أن يساعد استخدام الذكاء الاصطناعي وتعلم الآلة في واحد أو أكثر من مجالات اللوجستيات من أجل تسريع هذه العملية وجعلها أكثر مرونة.

ستسمح الأسلحة الذكية المتصلة بالشبكة للأنظمة اللوجستية ببدء إجراءات إعادة الإمداد تلقائيًا بمجرد بدء القتال، مما يوفر الإمدادات في الوقت المناسب على طول جبهات القتال. وستتمكن عمليات الإمداد والنقل من البدء في إعادة توجيه حمولة الشاحنات عبر

ساحة المعركة إلى نقطة الحاجة. على المستوى التكتيكي، ستكون الروبوتات الصغيرة قادرة على جلب الأعتدة إلى الجنود عند الوقت المحدد بعد نفاد الذخيرة.

قد يبدو المستودع المركزي للمعلومات فكرة سيئة للجيش، ولكنه في عالم اللوجستيات، من الأمور الضرورية. فإن كان لدى اللوجستيين جميع المعلومات التي يحتاجونها لاتخاذ قرارات حكيمة وصائبة عند نقل الإمدادات والمعدات لدعم القوات، فهذا يعني توفير الوقت والجهد والمال.

ما لا يدركه الكثير من الناس هو أن الجيش يفكر بجدية في المركبات ذاتية القيادة (كالطائرات والسيارات) لإعادة إمداد المواقع والقواعد الأمامية في إطار برنامج الإمداد الأرضي المستقل. وهذا من شأنه أن يجنب السائقين المصاعب والمخاطر التي تتعرض لها قافلة الإمدادات.

مع اكتساب الباحثين والمهندسين فهمًا أفضل لكيفية عمل الذكاء الاصطناعي، قد تصبح حالة استخدام الذكاء الاصطناعي للخدمات اللوجستية أكثر قوة. حتى ذلك الحين، لا يزال بإمكان الجيش جني فوائد كبيرة من تكنولوجيا الذكاء الاصطناعي وتعلم الآلة لضمان أمن وسلامة برامجه وبياناته.

الروبوتات القاتلة

أنظمة الأسلحة المستقلة الفتاكة (Lethal Autonomous Weapons Systems) هي أسلحة يمكنها تحديد الأهداف واكتشافها والاشتباك معها دون تدخل بشري يُذكر. وهذا المصطلح عادة ما يغطي مجموعة واسعة من أنظمة الأسلحة المحتملة، بدءًا من الأسلحة المستقلة تمامًا التي يمكن أن تشن هجمات دون أي تدخل بشري إلى أسلحة شبه مستقلة تتطلب عملًا بشريًا لتنفيذ المهمة.

يركز منتقدو هذه الأنظمة التي تُعرف اختصارًا بـ LAWS في المقام الأول على الأسلحة المستقلة تمامًا، ويطلقون عليها «الروبوتات القاتلة» ويتساءلون عن قدرتها على احترام الحياة البشرية والامتثال للقانون الإنساني الدولي. أما الجانب الآخر، كحكومة الولايات المتحدة، فيعولون على المزايا المحتملة للتكنولوجيا، بحجة أن ميزات الاستهداف المؤتمتة لأنظمة

LAWS قد تعزز بالفعل قدرات الدول على تلبية متطلبات القانون الدولي الإنساني من خلال زيادة الدقة والكفاءة في عملية التهديف والإصابة، وتقليل الأخطاء.

مصطلح الاستقلالية المُستخدم هنا، هو قدرة أنظمة الأسلحة على تقييم محيطها وتحديد ما يجب إصابته ومتى. وهذا يعني أن الاستقلالية هي مستوى الاستقلال الذي يمنحه البشر لنظام ما لتنفيذ مهمة معينة. وتشير أيضًا إلى طيف من الأتمتة يمكن من خلاله اتخاذ قرار مستقل ليلائم مهمة محددة. حيث تتحمل الآلات المدعومة بالذكاء الاصطناعي مسؤولية كاملة عن قرارات القتال الحاسمة.

تقوم خوارزميات هذه الأنظمة المستقلة باختيار الأهداف وتحديدها، والتعرّف عليها ذاتيًا، بالإضافة إلى تصنيفها وتتبعها بصورة مستقلة دون تدخل العامل البشري، ويمكن لها الكشف فيما إذا كان الهدف يمثل تهديدًا أم لا، وتتخذ هذه الأنظمة القرار بالاشتباك مع الهدف وإطلاق النار عند الحاجة، أو عدم الاشتباك والاكتفاء بمراقبته وتتبعه.

أنظمة الأسلحة المستقلة الفتاكة هي تقنيات مثل الطائرات بدون طيار والدبابات والآلات الأخرى التي يسيطر عليها جهاز كمبيوتر يعمل عن طريق أنظمة الذكاء الاصطناعي، ومبرمجة لاختيار الأهداف ومهاجمتها، دون سيطرة بشرية.

وتتطلب هذه الأنظمة دمج العديد من العناصر الأساسية، كمنصة قتالية متنقلة، مثل طائرة بدون طيار أو سفينة أو مركبة أرضية، وأجهزة استشعار من أنواع مختلفة للتدقيق في محيط المنصة، وأنظمة المعالجة لتصنيف الأشياء المكتشفة بواسطة أجهزة الاستشعار، والخوارزميات التي توجه المنصة لبدء الهجوم عند اكتشاف هدف ما. تصف وزارة الدفاع الأمريكية نظام الأسلحة المستقلة بأنه «نظام أسلحة، بمجرد تفعيله، يمكنه تحديد الأهداف والاشتباك دون تدخل إضافي من قبل عامل بشري».

وصل البحث والتطوير المستمران في مجال هذا النوع من الأسلحة «المستقلة بالكامل» إلى مرحلة حرجة، تتطلب تفكيرًا متعمقًا في التطوير التقني لأنظمة الأسلحة هذه. حيث يثير الجدل حول أنظمة الأسلحة المستقلة أسئلة كثيرة منها أخلاقية ومبدئية. فعلى سبيل المثال، هل يمكن ترك القرار بشأن الموت والحياة لآلة؟ وهل أنظمة الأسلحة هذه قادرة على التمييز بين المقاتلين من جهة والأشخاص العزل من جهة أخرى؟ وهل هذه الآلات

قادرة على التصرف وفقًا للقانون الإنساني الدولي؟ ومن الذي سيتحمل المسؤولية؟ ومن الذي يمكن محاسبته؟ البشر أم الآلة؟

على مستوى الأمم المتحدة، تطالب 28 حكومة على الأقل بحظر أسلحة الذكاء الاصطناعي، بينما منعت كل من الولايات المتحدة وروسيا أي خطوات لتشكيل اتفاقيات ملزمة قانونًا بشأن الأسلحة المستقلة. لهذا تقوم القوات الجوية الأمريكية بتطوير طائرات بدون طيار قتالية متقدمة قادرة على العمل بشكل مستقل إذا فقدت الاتصالات مع القاعدة الأرضية عند التحليق في مناطق عالية المخاطر.

كما تتسابق قوى عسكرية كبرى أخرى، بما في ذلك الصين وإسرائيل وكوريا الجنوبية والمملكة المتحدة، لتطوير أنظمة أسلحة مستقلة ذاتية التحكم. فقد أعلنت كل من روسيا والصين عن خطط للاستثمار في هذه الأنظمة مع استقلالية كاملة ومتزايدة باستمرار مع الوقت. أما الاتحاد الأوروبي فقد اتخذ موقفًا ضد «الروبوتات القاتلة» عندما أصدر البرلمان الأوروبي قرارًا يدعو إلى فرض حظر دولي على تطوير وإنتاج واستخدام الأسلحة التي تقتل دون تدخل بشري.

يدرك المخططون العسكريون في جميع أنحاء العالم تمامًا الطموحات الآلية لمنافسيهم، وهم مصممون على الانتصار فيما يمكن أن يطلق عليه سباق الاستقلال الذاتي (Autonomy Race) كما هو الحال مع سباق التسلح النووي في القرن الماضي. وكما يقول الدكتور كينيث باين، المحاضر في كلية الدراسات الأمنية في جامعة King‘s College: «إن إمكانيّة حدوث سباق تسلح جديد واضحة جدًا. ومن الصعب معرفة الفائز في هذا السباق، لذا من الأسلم أن نبذل كل ما بوسعنا للحصول على أفضل أسلحة الذكاء الاصطناعي».

إن الذكاء الاصطناعي المبرمج للقيام بشيء خطير، كما هو الحال مع الأسلحة المستقلة المبرمجة للقتل، هو إحدى الطرق التي يمكن أن يشكل بها الذكاء مخاطر جسيمة. فقد يكون من المعقول توقع استبدال سباق التسلح النووي بسباق تسلح عالمي للأسلحة المستقلة. لهذا أكد كبار المسؤولين الروس، بمن فيهم الرئيس فلاديمير بوتين، على أهمية تحقيق التفوق في الذكاء الاصطناعي وأنظمة الأسلحة المستقلة. حيث يقول الرئيس الروسي: «الذكاء الاصطناعي هو المستقبل، ليس لروسيا فقط، ولكن للبشرية جمعاء. إنه يأتي بفرص هائلة، ولكن يأتي أيضًا بالتهديدات التي يصعب التنبؤ بها. فمن يصبح الرائد في هذا المجال سيصبح حاكمًا لهذا العالم».

يشكل سباق التسلح في أنظمة الأسلحة المستقلة خطرًا جسيمًا، لأن عواقب استثمار الآلات ذات الذكاء المتزايد والتي تملك سلطة اتخاذ القرار غير معروفة إلى حد كبير ويمكن أن تكون كارثية. وهذا قد يؤدي إلى وفيات غير مقصودة أو تصعيد عسكري لا يمكن لنا السيطرة عليه.

وبصرف النظر عن القلق من أن الأسلحة المستقلة قد تكتسب عقلًا خاصًا بها، فإن القلق الأكثر إلحاحًا هو المخاطر التي قد تكون للأسلحة المستقلة مع فرد أو حكومة لا تقدر حياة الإنسان. فبمجرد نشرها واستخدامها، سيكون من الصعب تفكيكها أو قتالها.

اختراق الأنظمة

غالبًا ما تكون الأنظمة العسكرية عرضة للهجمات السيبرانية (اختراق الأنظمة المتصلة بالإنترنت) مما قد يؤدي إلى فقدان المعلومات العسكرية السرية وتلف الأنظمة العسكرية. ومع ذلك، يمكن للأنظمة المُجهزة والمدعومة بالذكاء الاصطناعي حماية الشبكات وأجهزة الكمبيوتر والبرامج والبيانات بشكل مستقل من الوصول غير المصرح به.

بالإضافة إلى ذلك، يمكن لأنظمة الأمن الإلكتروني (Cybersecurity) التي تدعم تقنية الذكاء الاصطناعي تسجيل نمط الهجمات السيبرانية وتطوير أدوات الهجوم المضاد لمعالجتها.

تُقدم أنظمة الذكاء الاصطناعي طرقًا وتقنيات فريدة لاستغلال الأنظمة المستقلة. فسيؤدي انتشار واستخدام أنظمة الذكاء الاصطناعي إلى زيادة عدد الأشياء القابلة للاختراق، بما في ذلك الأنظمة التي تحمل طاقة حركية، ومنها على سبيل المثال المركبات المتحركة، والتي قد تسمح بدورها بإجراءات الاختراق لإحداث تأثيرات قاتلة. ويمكن أن تكون هذه التأثيرات ضارة بشكل كبير إن كانت هناك فئة كاملة من أنظمة الذكاء الاصطناعي لها نفس نقاط الضعف القابلة للاستغلال (الاختراق).

بالإضافة إلى ذلك، فإن أنظمة الذكاء الاصطناعي معرضة بشكل خاص للسرقة بحكم كونها تعتمد بالكامل على البرمجيات. وكما يشير بعض المختصين في هذا المجال، قد تكون بعض الشركات المنافسة أو ربما بعض الدول قادرة على سرقة برمجيات طائرة F-35 على سبيل المثال. ويمكن بسهولة استخدام الأسطر البرمجية (software) المسروقة على الفور وإعادة إنتاج البرنامج عند التصميم.

ويتفاقم هذا الخطر من خلال طبيعة الاستخدام المزدوج للتكنولوجيا، وحقيقةِ أن مجتمع أبحاث الذكاء الاصطناعي منفتح نسبيًا على التعاون مع الآخرين. ففي الواقع، تمت مشاركة العديد من أدوات الذكاء الاصطناعي المطورة للاستخدام المدني -ولكن يمكن تكييفها وتعديلها لاستخدامها في أنظمة الأسلحة- على نطاق واسع على مواقع الإنترنت غير المصنفة، مما يجعلها في متناول القوى العسكرية الكبرى والجهات الفاعلة غير الحكومية على حد سواء.

تسلط هذه الثغرات الضوء على الحاجة إلى أمن قوي للبيانات، والأمن السيبراني، وعمليات الاختبار والتقييم مع تطوير تطبيقات الذكاء الاصطناعي العسكرية.

الفصل الثامن

مستقبل الذكاء الاصطناعي

يقول أرفند كريشنا مدير أبحاث شركة IBM: «ما كان يعتبر مستحيلًا قبل بضع سنوات لم يصبح ممكنًا فحسب، بل أصبح ضروريًا ومتوقعًا بسرعة كبيرة». فمع هذا التقدم السريع، من الصعب وضع افتراضات حول مستقبل الذكاء الاصطناعي. ولكن بدلًا من التركيز على المجهول، يمكننا فحص ما نعرفه عن الذكاء الاصطناعي وتطبيقاته الحالية والتأثير المستقبلي المحتمل.

أحد أسباب نمو السريع للذكاء الاصطناعي هو التقارب مع التقنيات الأخرى. فنحن نشهد زيادة كبيرة في اندماج الذكاء الاصطناعي مع إنترنت الأشياء (Internet of Things) ومع الحوسبة المتطورة، وهي استراتيجية مصممة لزيادة الأداء عن طريق نقل طاقة الحوسبة خارج مراكز البيانات بالقرب من الأجهزة المحلية. والغرض هو تمكين الأجهزة من الاستجابة بشكل أسرع من خلال معالجة المزيد من المعلومات محليًا. وسيكون دمج الذكاء الاصطناعي وإنترنت الأشياء والحوسبة المتطورة قوة دافعة حيث تسعى الشركات إلى تحسين سرعة وأداء حلولها وخدماتها.

سبب آخر مهم، وهو تطوير المعالجات المتخصصة (microprocessor) التي تم تصميمها لتحسين أداء الذكاء الاصطناعي. تعمل بعض الشركات المصنعة الرئيسية للرقائق في العالم، كشركة Intel وAMD على إصداراتها الخاصة من الرقائق عالية الأداء التي ستسهل الاندماج القوي للذكاء الاصطناعي في المنتجات اليومية وإنترنت الأشياء.

فلم يكن من الممكن تحقيق طفرة في تقدم الذكاء الاصطناعي اليوم دون التقاء ثلاثة عوامل اجتمعت لإنشاء المعادلة الصحيحة لنمو الذكاء الاصطناعي وهي زيادة البيانات الضخمة، مقترنة بظهور وحدات معالجة رسومات قوية (Graphical Processing Units) للحسابات المعقدة، وظهور نموذج الذكاء الاصطناعي القديم مرة أخرى، ألا وهو التعلم العميق.

كما ذُكر في الفصول السابقة، فإن الذكاء الاصطناعي هو مصطلح شامل لفرع علوم الكمبيوتر، يركز على إنشاء آلات قادرة على التفكير والتعلم. فبناءً على تجاربها، يتعلم الذكاء الاصطناعي اتخاذ قرارات أفضل في المستقبل. هذه القدرة على تعلم وتطبيق المعرفة تحاكي بشكل وثيق الطريقة التي يفهم بها البشر العالم ويسمح للآلات بإنجاز المهام التي كانت ممكنة فقط باستخدام عقول البشر.

يتم تحقيق هذه القدرات من خلال مجموعة من خوارزميات الكمبيوتر التي تستخدم الرياضيات والمنطق لأداء المهمة المعينة للذكاء الاصطناعي. وعلى الرغم من أن أشهر كتبنا وأفلامنا عن الخيال العلمي تميل إلى تصوير الذكاء الاصطناعي في شكل روبوتات شبيهة بالإنسان، لكن الحقيقة أن الذكاء الاصطناعي ببساطة هو أسطر من التعليمات البرمجية (software) يعمل عن طريق الكمبيوتر (hardware).

وعلى عكس الدماغ البشري، يمكن تشغيل هذه البرامج الذكية (software) في مجموعة متنوعة من الأجهزة، سواء كان ذلك الجهاز هاتفًا ذكيًا أو حاسوبًا شخصيًا أو سيارة ذاتية القيادة. هذا التنوع في حالات الاستخدام هو ما يجعل الذكاء الاصطناعي في الغالب قويًا جدًا. لهذا مع تقدم الذكاء الاصطناعي، سيتبدل العالم من حولنا بشكل متسارع وستتغير الحياة كما نعرفها بشكل جذري.

يعمل الذكاء الاصطناعي باستمرار على تعديل فهمه للبيئة، وتجديد منظوره للواقع، وتحديث احتمالية تنبؤاته دون التمسك بأي أفكار قديمة. ويجد بعض الأشخاص أن هذا المنطق الجامد هو الجزء الأكثر رعبًا في الذكاء الاصطناعي، وهو ما يسمح للذكاء الاصطناعي بالعثور على حلول قد لا يصل إليها أو لا يتعرف عليها البشر.

يعتقد بعض الخبراء والباحثين أن فرص تطوير آلة، وجعلها تملك قدرة التفكير في متناول أيدينا الآن. فلدينا كميات كبيرة من البيانات، وهناك إشارات قوية جدًا على أن تقنيات تعلم الآلة يمكنها تحويل البيانات إلى النموذج والشكل المطلوب للاستدلال والتفكير الآلي.

ويؤكد الخبراء أن وحدات معالجة الرسومات (graphical processing units) ستعزز من السرعة وستظل جزءًا مهمًا من متغير قوة الحوسبة في المعادلة التي تقود قفزات الذكاء الاصطناعي القادمة. ومع ذلك، فإن بعض أجهزة الذكاء الاصطناعي الموجودة قيد التطوير،

مثل رقائق الحوسبة العصبية أو حتى أنظمة الحوسبة الكمومية، يمكن أن تدخل في المعادلة الجديدة لابتكار وتطوير أنظمة الذكاء الاصطناعي.

هناك نقاش وجدال شائع مفاده أن تكنولوجيا الذكاء الاصطناعي في الأساس هي تقنية محايدة، ويمكن استخدامها للخير أو الشر، اعتمادًا على نوايا المُستخدِم. في حين أن الذكاء الاصطناعي فريد من نوعه من حيث إننا نبنيه ليكون قادرًا على تطوير طريقة تعلمه وتحديث النوايا الخاصة به، فمن الممكن أن نتوقع أنه في المستقبل المنظور، سيتم تشكيل الذكاء الاصطناعي من خلال أفكار واتجاهات المصنعين من البشر.

يمكننا أن نقول على وجه اليقين إن الذكاء الاصطناعي أداة عميقة لدرجة أن تأثيرها يمثل تحولًا حقيقيًا في النموذج العالمي، وذلك على غرار الثورات التي أنتجت تطوير الزراعة والصناعة.

يؤثر الذكاء الاصطناعي على كل جانب من جوانب حياتنا الشخصية والمهنية. فإن كل المؤسسات، شركاتٍ كانت أو حكوماتٍ أو أوساطًا أكاديمية، تشهد بالفعل وتيرة التغيير المتسارعة. وعلى الرغم من تصوير الذكاء الاصطناعي في كثير من الأحيان كأداة لحل المشاكل في مجال الرعاية الصحية والنقل والمال والأعمال، إلا أن هناك جانبًا أكثر قتامة للنظر فيه.

يخشى بعض الناس أن تكون النتيجة النهائية هي أن الأجهزة التي تعمل بالذكاء الاصطناعي والفائقة الذكاء ستحل في النهاية محل البشر تمامًا. في حين أن هذا أمر محتمل، لكن هناك العديد من الخبراء الذين يعتقدون أنه من المرجح أن الذكاء الاصطناعي سيعزز الجنس البشري، ولا يحل محله، وفي النهاية قد نندمج مع الذكاء الاصطناعي.

ولكن من الضروري التفكير فيما يمكن أن يحدث عندما تكون هناك أداة قوية مثل تكنولوجيا الذكاء الاصطناعي بيد أحد الأشرار أو أنها تُستخدم بِنِيَّةٍ خبيثة.

الثقة في الذكاء الاصطناعي

لم يعد الذكاء الاصطناعي هو المستقبل، فهو الآن موجود في المنزل والسيارة والهاتف النقال. ومع استمرار التكنولوجيا في توسيع دورها في حياتنا، برز سؤال مهم: ما مستوى الثقة الذي يمكننا أو ينبغي أن نضعه في أنظمة الذكاء الاصطناعي هذه؟

يقول جيمس هيندلر، مدير معهد استكشاف البيانات والتطبيقات: «يمكن استخدام الذكاء الاصطناعي من أجل الصالح الاجتماعي. ولكن يمكن استخدامه أيضًا لأغراض أخرى تؤدي إلى تأثير اجتماعي معين. حيث تكون مصلحة شخص ما هي شر لشخص آخر. فيجب علينا أن نظل مدركين لذلك».

يعتقد الخبراء في هذا المجال أنه من الضروري غرس الأخلاق في أنظمة الذكاء الاصطناعي، لكن في الحقيقة لا يوجد نظام أخلاقي مقبول عالميًا للذكاء الاصطناعي. ويعتقد الباحثون والخبراء أن مجتمع الذكاء الاصطناعي بشكل عام لديه تحيز في الاختيار الذاتي، لأن الأشخاص الذين يبنون ويصنعون مثل هذه الأنظمة لا يزالون إلى حد كبير من جنس معين ومن فئة محددة من الناس.

يقول فيجاي ساراسوات كبير العلماء والباحث في شركة IBM: «ماذا يعني مفهوم الأخلاق لآلة لا تهتم ما إذا كان من حولها موجودين أم لا، ومن ثم لا يمكن أن تشعر بهم، ولا يمكن أن تعاني، ولا تعرف ما هي الحقوق الأساسية؟»

هناك عدد قليل من التقنيات التي يجربها العلماء والمهندسون لغرس المبادئ الأخلاقية بأنظمة الذكاء الاصطناعي. وأحد هذه التقنيات هو «التعلم المُعزز العكسي»، وهو السماح للنظام بمراقبة سلوك الناس في المواقف المختلفة ومعرفة ما يقوم به الناس بالفعل، مما يسمح للنظام باتخاذ قرارات تتفق مع مبادئنا الأخلاقية الأساسية.

يلاحظ قادة الفكر في مجال الذكاء الاصطناعي أيضًا أن الشفافية هي المفتاح الرئيسي للثقة في قرارات الكمبيوتر، أخلاقية كانت أو غير ذلك. فالناس تحتاج إلى معرفة كيفية وصول نظام الذكاء الاصطناعي إلى استنتاجاته وتوصياته، ليتمكنوا من اتخاذ القرار لاستخدام هذه التقنية أو عدم استخدامها، ومثال ذلك الأسلحة المستقلة السابق ذكرها.

إن المفاهيم الخاطئة حول ما يمكن للذكاء الاصطناعي القيام به وما لا يمكنه القيام به كثيرة، وربما الأهم من ذلك، هو عدم الوضوح بشأن الوظائف التي قد يؤثر عليها الذكاء الاصطناعي فيولد مستوى إضافيًا من عدم الثقة في التكنولوجيا. يوافق الخبراء والمختصون في هذا المجال على أن مهمة تثقيف الناس حول هذه التكنولوجيا وتعليمهم المهارات التي ستكون مطلوبة لأداء وظائف جديدة سيوفرها الذكاء الاصطناعي في المستقبل مهمة حاسمة وأساسية.

النوايا الحسنة والسيئة

إن البعض يصر على أن هذه التكنولوجيا محايدة. كما هو الحال مع أي تقنية في الأيادي الخاطئة، حيث يمكن للذكاء الاصطناعي مساعدة البشر على ارتكاب أعمال مروعة. وقد يكون سلاحًا مستقلًا مبرمجًا من قبل الجيش، أو خوارزمية خبيثة مفككة بواسطة قراصنة فرديين.

إن الخوف المرتبط بالذكاء الاصطناعي -وهي تقنية ذكية وقادرة على التعلم الذاتي- لا يمكن أن يكون بلا مبرر. ولكن من المهم أن نتذكر أن البشر أيضًا يتمتعون بذكاء شديد وقادرون على التعلم والتطور السريع.

وتجدر الإشارة أيضًا إلى أن قدرات الذكاء الاصطناعي الضارة ستكون كبيرة وجسيمة. وعندما يحاول شخص واحد أو مجموعة من الناس إنشاء وصنع شيء ضار، فغالبًا ما يتم استثمار كمية من الطاقة مساوية أو أكبر لإيقاف هذا الضرر وإنشاء إجراءات مضادة تحد من هذه المخاطر والتأثيرات.

هناك سيناريو آخر هو الذكاء الاصطناعي الشارد (runaway AI) الذي تتحول فيه آلة تم بناؤها بحسن نية إلى سوء نية. كما هو الحال في قضية الوظائف والبطالة التي ستؤثر على الكثير من الناس. ولكن بعض المختصين في هذا المجال يعتقدون أن الذكاء الاصطناعي أقل تهديدًا وأكثر فائدة لنا. فالآلات تعزز القدرات البشرية وتُسرع من تقدمنا.

ما وراء الذكاء الاصطناعي

غالبًا ما يتم تعريف التفرد (singularity) على أنه النقطة التي تتخطى فيها التكنولوجيا الأسية عتبة «الذكاء الاصطناعي العام» وتمتلك الآلات ذكاءً شاسعًا يتجاوز المستويات البشرية. إنه مفهوم يصعب على الكثير منا فهمه، لأن التفرد يمثل أيضًا النقطة التي يدمج فيها الذكاء البشري والذكاء الاصطناعي.

في الطريق إلى مثل هذا الاندماج، سيخضع الذكاء البشري لتكامل واسع النطاق مع الذكاء الاصطناعي، لتشكيل علاقة تكافلية، حيث يتم تمكين الذكاء الاصطناعي من خلال المواهب البشرية للتفكير الإبداعي، ويتم تمكين البشر من خلال الذكاء الاصطناعي المدعوم

بالذاكرة الواسعة والحوسبة السريعة. لذلك لن يتم دمج الذكاء الاصطناعي في كل نظام إلكتروني فحسب، بل في كل شخص تقريبًا أيضًا.

يقول كيفين كيلي رئيس تحرير مجلة Wired التكنولوجية: «ترفرف الطيور بأجنحتها للطيران، ولكن لجعل البشر يطيرون، كان علينا أن نبتكر نوعًا مختلفًا من الطيران، نوعًا لم يحدث في الطبيعة. وهكذا، وبالمثل، من خلال الذكاء الاصطناعي، سنخترع العديد من الأنواع الجديدة من التفكير غير الموجود بيولوجيًا ولا يشبه التفكير البشري. لذلك، فإن هذا الذكاء لا يحل محل التفكير البشري بل يزيده».

إن أحد أوضح مناطق الاتفاق بين خبراء هذا المجال هو أن تعزيز قدرة أجهزة الكمبيوتر على التفاعل معنا بطريقة أكثر طبيعية أمر بالغ الأهمية بالنسبة للعلاقة بين الإنسان والذكاء الاصطناعي للوصول إلى أقصى إمكانياتها. حيث اتفق معظمهم على أن التقدم في التفاعل بين الإنسان والحاسوب سيعتمد على الذكاء الاصطناعي وهو ضروري لتقدم تطبيقاته.

في نهاية المطاف، يأمل الباحثون في إنشاء أنظمة الذكاء الاصطناعي المستقبلية التي تقوم بأكثر من محاكاة أنماط التفكير البشري مثل المنطق والاستنتاج والإدراك، فهم يرون أنها ستؤدي نوعًا جديدًا تمامًا من التفكير. وعلى الرغم من أن هذا قد لا يحدث في الموجة التالية من ابتكار وتطور الذكاء الاصطناعي، فإنه في مرمى قادة الفكر والخبراء في هذا المجال.

لا أحد منا يستطيع التنبؤ بالمستقبل، ولا يمكننا الوقوف ضد موجة التغيير المدفوعة بالذكاء الاصطناعي والتقنيات الأسية الأخرى. فبدلًا من ذلك، يمكننا أن نبذل قصارى جهدنا للتعرف على هذه التقنيات، وفهم الفرص الكامنة فيها، وتطبيقها لحل أكبر تحدياتنا العالمية ومشكلاتنا الكبيرة. ربما يكون أكبر خطأ يمكن أن نرتكبه مع الذكاء الاصطناعي هو التقليل من تأثيره ونموه السريع.

الخاتمة

تتسابق العديد من الدول المتقدمة لتحقيق ميزة الابتكار والإبداع العالمي في الذكاء الاصطناعي (Artificial Intelligence) لأنها تدرك أن الذكاء الاصطناعي هو تقنية أساسية يمكنها تعزيز القدرة التنافسية وزيادة الإنتاجية وحماية الأمن القومي والمساعدة في حل التحديات المجتمعية.

كما فعلت الكهرباء في الماضي، فإن الذكاء الاصطناعي يغير عالمنا باستمرار وبسرعة. فهو يعمل على تحسين المنتجات والعمليات ونماذج الأعمال في جميع القطاعات الاقتصادية. ويمكن أن يساعد الشركات في تحديد الآلات التي ستحتاج إلى صيانة قبل أن تتعطل. وكذلك يقوم الذكاء الاصطناعي أيضًا بتغيير وتبديل الخدمات العامة.

إن الذكاء الاصطناعي هو الأساس لمحاكاة عمليات الذكاء البشري من خلال إنشاء وتطبيق خوارزميات مُدمجة في بيئة حوسبة ديناميكية. فببساطة، تحاول تكنولوجيا الذكاء الاصطناعي جعل أجهزة الكمبيوتر تُفكر وتتصرف مثل البشر.

للحصول على أكبر الفوائد والأرباح، يجب أن تفكر الشركات بجدية في وضع مجموعة كاملة من التقنيات الذكية -بما في ذلك تعلم الآلة، ومعالجة اللغات الطبيعية وغيرها المزيد- في عملياتها ومنتجاتها. وحتى الشركات التي تُعتبر جديدة في مجال الذكاء الاصطناعي ستتمكن من أن تجني مكاسب كبيرة. ولهذا فعلى العديد من الشركات استخدام تقنية الذكاء الاصطناعي في محاولة لتقليل التكاليف التشغيلية، وزيادة الكفاءة، ونمو الإيرادات، وتحسين خدمة العملاء.

فاليوم، يتجاوز حجم البيانات التي يتم إنشاؤها بواسطة كل من البشر والآلات قدرة الإنسان على استيعابها وتفسيرها، ويواجه الإنسان صعوبة اتخاذ قرارات معقدة بناءً على تلك البيانات. يشكل الذكاء الاصطناعي الأساس لجميع تقنيات تعلم الكمبيوتر وهو مستقبل

عمليات صنع القرار. وتعتبر أجهزة الكمبيوتر فعالة للغاية في حساب آلاف المعادلات المعقدة وبسرعة هائلة. لهذا فالذكاء الاصطناعي والتعلم العميق هما مستقبل صنع قرارات الأعمال.

فمن خلال استخدام وتطبيق تقنية الذكاء الاصطناعي المناسبة، قد تتمكن الشركات من توفير الوقت والمال من خلال أتمتة العمليات والمهام الروتينية وتحسينها، وزيادة الإنتاجية والكفاءة التشغيلية، واتخاذ قرارات عمل أسرع استنادًا إلى مخرجات التقنيات المعرفية، وتجنب الأخطاء و«الخطأ البشري» بشرط أن يتم إعداد أنظمة الذكاء الاصطناعي بشكل صحيح، واستخدام الفطنة والحكمة للتنبؤ بتفضيلات العملاء وتقديم تجربة أفضل لهم، واستخراج كمية هائلة من البيانات للحصول على عملاء جدد، وزيادة الإيرادات من خلال تحديد وزيادة الحد الأقصى للمبيعات، وتنمية الخبرة من خلال تمكين التحليل وتقديم المشورة المناسبة المدعومة بالذكاء الاصطناعي.

تُشير الأبحاث والدراسات إلى أن الذكاء الاصطناعي لا يؤدي دائمًا أفضل أداء بمفرده. حيث تُعتبر تقنيات الذكاء الاصطناعي رائعة في القيادة أو حتى في استبدال المهام المتكررة ذات المستوى الأدنى، لكن الشركات غالبًا ما تحقق أفضل تحسينات في الأداء عندما يعمل البشر والآلات معًا. ولتحقيق أقصى استفادة من هذه التكنولوجيا القوية، يجب أن تُفكر الشركات والمؤسسات في الذكاء الاصطناعي كوسيلة لزيادة القدرات البشرية بدلًا من استبدالها.

هناك إدراك متزايد لأهمية الذكاء الاصطناعي، بما في ذلك قدرته على توفير ميزة تنافسية وتغيير العمل للأفضل. ترى غالبية الشركات العالمية التي تبنت هذا المجال أن تقنيات الذكاء الاصطناعي مهمة بشكل خاص لنجاح أعمالها اليوم. وترى الأغلبية أيضًا أنهم يستخدمون تقنيات الذكاء الاصطناعي للمضي قدمًا قبل منافسيهم، وأن الذكاء الاصطناعي يمكّن ويحسن القوى العاملة لديهم.

ومع رؤية قادة الدول التطور السريع للذكاء الاصطناعي بوصفه دافعًا للتوسع الاقتصادي الكبير، يعم الخوف في جميع أنحاء العالم من فقدان هذه التكنولوجيا. ولهذا طورت العديد من الدول استراتيجيات الذكاء الاصطناعي لتحسين قدراتها، من خلال الاستثمار، والحوافز، وتنمية المواهب، وإدارة المخاطر. ومع تزايد أهمية الذكاء الاصطناعي لجيل التكنولوجيا القادم،

يشعر العديد من القادة بالقلق إزاء تراجعهم في هذا المجال وعدم مشاركتهم في التطور والتقدم ومن ثم عدم حصولهم على الأرباح والفوائد.

إن الذكاء الاصطناعي يهز النظام العالمي الجديد، مما يسمح للعديد من البلدان الأصغر بالوقوف في مشهد تنافسي جديد. ويمكن للمقاييس المعمول بها مثل الناتج المحلي الإجمالي أن تخبرك بلمحة عن أكبر الاقتصادات في العالم. ولكنها، وفقًا للتقارير والدراسات الجديدة، لن تخبرك مَن منهم مِن المرجح أن ينجح في عالم جديد مدفوع بالذكاء الاصطناعي.

إن الذكاء الاصطناعي لا يتعلق فقط بتحسين المجتمع وتطوير اقتصادات قوية، بل يمكن أن يكون أيضًا سلاحًا عسكريًا قويًا، ويؤدي إلى صناعات جديدة، ويحول ميزان القوى العالمي. في الواقع، أنه إذا شهدنا نموًا هائلًا في قدرات الذكاء الاصطناعي، فينبغي أن نأمل في أن يتم استخدام الذكاء الاصطناعي لخلق عالم أقوى وأكثر اتحادًا. إن لم يكن الأمر كذلك، فقد يكون الذكاء الاصطناعي أداة مدمرة بشكل خطير لكثير من الدول.

المراجع

- Artificial Intelligence for Big Data; Anand Deshpande and Manish Kumar; First Edition 2018; Packt Publishing Ltd.
- Artificial Intelligence: A Modern Approach; Stuart Russell and Peter Norvig; Third Edition 2010; Pearson Education, Inc.
- Artificial Intelligence Illuminated; Ben Coppin; First Edition 2004; Jones and Bartlett Publishers, Inc.
- Encyclopedia of Artificial Intelligence; Dopico, de la Calle, and Sierra; First Edition 2009; IGI Global.
- The 4th Industrial Revolution: Responding to the Impact of Artificial Intelligence on Business; Skilton and Hovsebian; First Edition 2018; Springer International Publishing AG.
- Beyond Artificial Intelligence: From Human Consciousness to Artificial Consciousness; Alian Cardon; First Edition 2018; John Wiley & Sons, Inc.
- Introduction to Artificial Intelligence; Wolfgang Ertel; Second Edition 2017; Springer International Publishing AG.
- Robot – Proof: Higher Education in the Age of Artificial Intelligence; Joseph E. Aoun, First Edition 2017; MIT Press.
- 50 Years of Artificial Intelligence; Max Lungarella, Fumiya Iida, Josh Bongard, and Rolf Pfeifer; First Edition 2007; Springer International Publishing AG.
- Our Final Invention: Artificial Intelligence and the End of the Human Era; James Barrat; First Edition 2013.
- Superintelligence: Paths, Dangers, Strategies; Nick Bostrom; First Edition 2014; Oxford University Press.